Internet Bibliothek

Geldanlage im Internet

Internet Bibliothek

Gustav Horn

Geldanlage im Internet

65343 Eltville/Rhein
Titelgestaltung: Roberto Patelli
Titelfoto: Photo Disk
Printed in Germany

ISBN 3-934519-30-x

Inhalt

1. Geldanlage im Internet

„Die Mauschel-Aktie" titelte eine bekannte Boulevard-Zeitung beim umstrittenen Aktiendebüt der Siemens-Tochter „Infineon". Wenn sich die bunte Presse einem Thema in 20-Zentimeter-Lettern widmet, hat es den Geheimtip-Status schon vor längerem hinter sich gelassen. Alle wollten Infineon-Aktien, doch wie bei jedem knappen Gut war nicht genug für alle da.

Das führte zu einer Reihe von Missverständnissen in der Nicht-Wirtschaftspresse, zu genervten Anlegern und überforderten Bankmitarbeitern. Der Hintergrund ist leicht zu erklären: Der deutsche Börsenmarkt ist nur schlecht an die Bedürfnisse von Kleinanlegern angepasst. Institutionelle Großanleger, die ein paar Dutzend Millionen Euro in einen Wert pumpen können, sind die wirklich begehrten Gäste auf der Börsenparty.

Auch die großen Banken mögen Kunden mit prallem Geldbeutel einfach lieber. Niemand hat das bislang so offen gezeigt wie der Fusionsriese „Deutsche Dresdner Bank": Kunden unter 200.000 Mark Pegelstand sollten zentral von einer Tochterbank verwaltet werden.

Die Kleinkunden verstanden das sehr richtig als Doppelproblem: Weniger Service, aber dafür mehr Outing. Jeder Normalverdiener stellte sich bildlich die Denkblase über den Köpfen einen Bankers beim Blick auf die Kundendaten vor: „Noch so ein blöder armer Schlucker".

Doch die armen Schlucker können zurückschlagen. Die Hausbank berät mich nicht richtig, weil ich bloß ein paar Dutzend Aktien kaufen will? „Selbstberatung" mit dem Internet ist der neue Megatrend. Auch wer aus nur 100 Mark monatlich ein (kleineres) Vermögen aufbauen will, muß nicht auf Omas Sparbuch zurückgreifen: Verschaffen Sie sich ein Depot bei einer der vielen und stetig wachsenden Direktbanken und nutzen Sie die Wirtschaftsinformationen im Internet.

Seit ein paar Jahren machen immer mehr Kleinanleger genau dies. Als Folge stieg die Zahl der Direktbanken und ihr Kundenstamm. Auch Wirtschaftsinfos im Internet explodieren: Waren noch vor wenigen Jahren sekundengenaue Echtzeitkurse von allen Weltbörsen das teure Spielzeug von Brokern, so kann heute jeder kostenlos erfahren, wie Aktien im Moment gehandelt werden.

Wer in eine Aktiengesellschaft investieren will, kann sich ausschließlich im Internet informieren und hat genau dieselben Möglichkeiten wie ein professioneller Aktienhändler. Die Zahl der „kleinen Leute" mit einem mehr oder weniger großen Aktiendepot ist in den letzten Jahren stetig gestiegen. Das haben auch die Medien gemerkt und schon die Brandzeichen der Gier vor den Stirnen der Deutschen entdeckt: Vom Volk der Aktienmuffel zum Volk der Zocker.

Wer die Medienhysterie der letzten zwölf Monate beobachtet hat, erkennt genau: Die neuen Popstars sind Telekom- und Internet-Firmen. Leider folgt die Berichterstattung ziemlich genau dem erprobten Muster: Erst werden sie möglichst hoch geschrieben, damit man hinterher um so besser die Luft rauslassen kann.

Sowohl die Börse als auch die Aktien werden es überleben. Und das Depot eines Kleinanlegers ebenso. Die wichtigste Grundregel lautet also: Selber informieren, selber eine Meinung bilden und selber entscheiden. Eines sollten Sie allerdings bedenken: Nur Glückspilze werden in kürzester Frist reich. Doch die Zeit arbeitet für Sie, wenn Sie das Geld lange genug arbeiten lassen.

Dieses Buch möchte Ihnen dabei helfen, Zeit und Geld zu Ihren Verbündeten zu machen. Sie finden hier eine knappe Einführung in Aktien und Börse sowie eine Unmenge an Tips und Hinweisen für die Geldanlage im Internet. Wenn Sie diesen Tips folgen und sich regelmäßig auf den vorgestellten Web-Angeboten über die Finanzmärkte informieren, kann auf lange Sicht nur wenig schief gehen: Wer vor 30 Jahren 10.000 Mark in deutsche Standardaktien investiert hat, schlägt heute beim Verkauf jede andere Art der Vermögensbildung.

2. Arten der Geldanlage

Wenn Sie sich ein gewisses Vermögen - zum Beispiel für das Alter - schaffen wollen, haben Sie die Qual der Wahl: Selbst kleinere Banken und Sparkassen auf dem Land bieten Sparkonten, Sparbriefe, festverzinsliche Wertpapiere und Aktien- und Rentenfonds als Geldanlage an.

Ganz kompliziert wird es, wenn Sie sich im Internet selbst informieren wollen und bei einer der vielen Direktbanken Aktien ordern wollen: Soll es eine Aktie vom „Neuen Markt“ sein oder doch lieber ein Standardwert?

Damit Sie in diesem Dschungel nicht den Überblick verlieren, finden Sie auf den folgenden Seiten eine knappe Einführung in die vverschiedenen Arten der Geldanlage.

Bücher, Briefe und Verträge für Sparer

- Bei einem *Sparbuch* kommen Sie jederzeit an Ihr Geld und müssen keine Verlustrisiken tragen. Diese Form der Geldanlage ist in Deutschland immer noch extrem verbreitet, sollte aber eigentlich nur für kleinere Beträge genutzt werden. Der Grund ist leicht zu verstehen: Zur Zeit erhalten Sie etwa 3 Prozent Zinsen auf einem normalen Sparbuch. Da dauert es fast ein halbes Jahrhundert, bis sich ein eingezahltler Geldbetrag verdoppelt hat.

  Sie können auf einem Sparbuch aber problemlos ein wenig Geld verfügbar halten, um bestimmte Dinge wie einen Urlaub oder den neuen Fernseher zu finanzieren. Dort ist es besser aufgehoben als auf einem Girokonto, auf dem es meist überhaupt keine Zinsen gibt.

- *Sparbriefe* haben feste Laufzeiten von 2 bis 8 Jahren und einen fixen Zinssatz. Im Unterschied zu einem einfachen Sparbuch können Sie das Geld nicht vor dem Ablauf bekommen. Der Zinssatz ist mit der Laufzeit der Sparbriefe höher und liegen üblicherweise zwischen etwa 3,5% und 5%. Das Risiko ist ebenso gering wie bei Sparbüchern. Sie können sie durchaus kaufen, um einen Geldbetrag risikoarm für eine gewisse Zeit zu sichern.
- Ein *Ratensparvertrag* ist eine Form der Geldanlage, bei der Sie innerhalb einer vereinbarten Laufzeit regelmäßige Beträge einzahlen, die variabel verzinst werden. Die Grundverzinsung beträgt oft nur 3%, doch die Institute zahlen auf das Kapital einen Bonuszins, dessen Höhe von der Laufzeit abhängig ist. Auch hier gilt: Reich werden Sie damit nicht.
- *Termingeld* oder *Festgeld* ist eine Anlageform, bei der Sie Geld kurzfristig zu leicht höheren Zinsen als auf dem Sparbuch anlegen können. Meist gilt eine Mindestanlagesumme, die bei 5.000 Mark liegt. Außerdem vereinbaren Sie eine Laufzeit wie zum Beispiel einen, drei, sechs oder zwölf Monate. Termingeld ist eine ziemlich gute Geldanlage, um größere Summen ohne Risiko zu parken, aber trotzdem nach Ablauf des Vertrages wieder flüssig zu sein.

Festverzinsliche Wertpapiere

Festverzinsliche Wertpapiere funktionieren wie ein Sparbuch: Sie zahlen Geld (den Kaufpreis) und erhalten dafür regelmäßig Zinsen. Im Unterschied zu Sprarbüchern erhalten Sie jedoch etwas mehr Zinsen. Die Rendite liegt bei etwa 4 bis 6 Prozent.

Solche Wertpapiere sind eine spezialisierte Form des Kredits: Unternehmen oder Staaten geben sie aus, um an Einnahmen zu kommen. Hierbei ist der Ausgeber der Schuldner und Sie als Käufer sind der

Gläubiger. Und wie bei einem Bankkredit bekommt der Gläubiger Zinsen.

Wegen dieser Analogie zu einem Kredit heißen festverzinsliche Wertpapier oft auch „Anleihen". Ein anderer bekannter Name ist „Rentenpapier", da der Anleger durch die Zinsen eine regelmäßige Auszahlung (Rente) bekommt.

Diese Papiere haben ein gewisses Risiko: Die Aussteller haften mit Ihrem Vermögen für das Papier. Doch wenn sie in Zahlungsschwierigkeiten geraten, sind Zinszahlungen oder die Rückzahlung des angelegten Geldes gefährdet. Allerdings: Wertpapiere der großen Industriestaaten und vieler Großbanken im In- und Ausland sind unbedenklich. Doch das kann sich jederzeit ändern. Bei ausländischen Anlagen gibt es zudem ein Wechselkursrisiko.

Wichtig für die Entscheidung über den Kauf von Wertpapieren ist auch die Frage, ob das Wertpapier an der Börse gehandelt wird. Nicht an der Börse gehandelte Wertpapiere sind unproblematisch: Sofern der Aussteller nicht aus diesem Universum verschwindet, bekommen Sie Ihre Zinsen pünktlich und nach dem Fälligkeitstermin landet auch das Kapital wieder auf Ihrem Konto.

Börsengehandelte Wertpapiere können jederzeit an der Börse zum aktuellen Börsenkurs gekauft und verkauft werden. Sie können also täglich über ihr Kapital verfügen. Allerdings kann sich der aktuelle Börsenkurs vom Nennwert) des Wertpapiers unterscheiden. Während der Laufzeit ändert sich der Kurswert immer wieder.

Dies hat Konsequenzen für die Anleger: Wer Anleihen *vor* der Börseneinführung kauft und sie bis zum Ende der Laufzeit hält, bekommt seine Anlagesumme zu 100 % zurück. Der Kurswert hat keine Auswirkung. Wer allerdings Wertpapiere an der Börse kauft, sollte sie nur dann wieder verkaufen, wenn der Kurswert höher ist als beim Verkauf.

Bundeswertpapiere

Der deutsche Staat legt eine ganze Reihe von verzinslichen Wertpapieren auf, von denen ich einige hier vorstelle. Sie haben einen unschätzbaren Vorteil: Der Kauf und der Verkauf aller Bundeswertpapiere ist kostenfrei und wird von jeder Bank oder Sparkasse erledigt.

Die Verwaltung der Wertpapiere bei Banken kostet allerdings meist Gebühren. Alternativ können Sie die Wertpapiere auch bei der Bundesschuldenverwaltung (*http://www.bsv.de/*) lagern, die dies kostenlos übernimmt.

- *Bundesschatzbriefe* sind Wertpapiere der Bundesrepublik Deutschland, die nicht an der Börse gehandelt werden. Sie müssen mindestens 100 Mark anlegen. Es gibt 2 Typen: Bei Typ A beträgt die Laufzeit beträgt 6 Jahre, die Zinsen werden jährlich an den Anleger ausgezahlt. Auf Wunsch kann die Wiederanlage der Zinsen in neue Bundesschatzbriefe vereinbart werden. Typ B hat 7 Jahre Laufzeit, die Zinsen werden automatisch neu angelegt. Nach 7 Jahren gibt es den vollen Kaufpreis zurück und die Zinsen mit Zinseszinsen werden ausgezahlt.

  Die Rendite von Bundesschatzbriefen ist etwas höher als bei anderen Sparformen: In der Vergangenheit pendelte sie immer um etwa 5 Prozent. Bei einer Investition von 10.000 Mark erhalten Sie laut der aktuellen Zinssätze beim Typ B nach sieben Jahren etwa 13.400 Mark ausgezahlt. Trotz der langen Laufzeit können sie nach einer einjährigen Sperrfrist jederzeit zurückgegeben werden. Allerdings: Der Rückgabebetrag ist pro Person auf 10.000 Mark innerhalb von 30 Zinstagen begrenzt.

- *Bundesanleihen* sind börsengehandelte Bundeswertpapiere. Die Mindestanlage beträgt 1.000 Mark. In der Regel ist die Laufzeit 10 Jahre.

  An der Börse werden Bundesanleihen mit kürzerer Restlaufzeit gehandelt. Sie werden als Einzelemission aufgelegt und sind nur so lange zum Ausgabekurs erhältlich, bis die gesamte Emission am Markt untergebracht ist. Anschließend wird der Preis an der Börse festgelegt.

- *Bundesobligationen* sind börsengehandelte Wertpapiere mit fünf Jahren Laufzeit und einer Mindestanlage von 100 Euro. Sie werden als Daueremission in aufeinanderfolgenden Serien herausgegeben.

  Der Bund bietet die jeweilige Serie mehrere Wochen zu Emissionsbedingungen an. In der Regel werden sie nach drei Monaten an der Börse gehandelt.

- *Bundesschatzanweisungen* sind börsengehandelte Wertpapiere mit vier Jahren Laufzeit und einer Mindestanlage von 1.000 Euro. Der Bund legt sie alle 2 Monate auf.

  Die Neuemissionen werden Banken und Großanlegern über eine öffentliche Ausschreibung zum Kauf angeboten. Die Kreditinstitute verkaufen sie an ihre Kunden weiter.

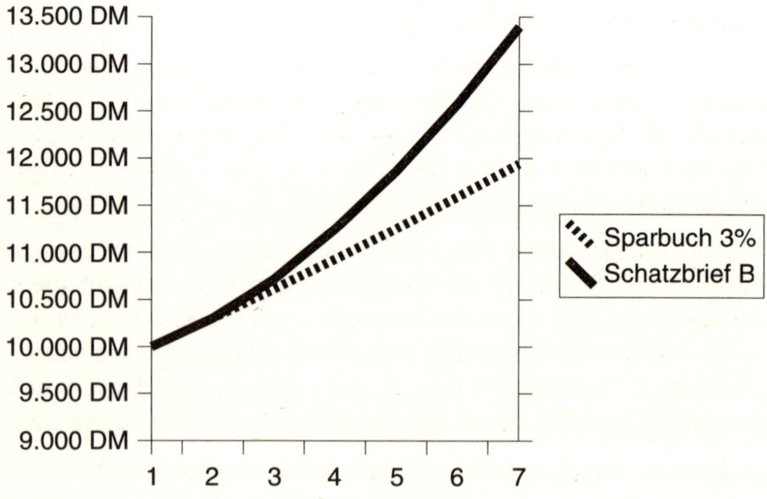

Renditevergleich Sparbuch und Bundesschatzbrief Typ B

Investmentfonds und Indexzertifikate

Bei einem Investmentfond wird das Geld vieler Anleger von einer Kapitalanlagegesellschaft gesammelt. Damit werden dann Aktien, Anleihen oder Immobilien nach dem Prinzip der Risikostreuung gekauft. Die gekauften Wertpapiere bilden den Investmentfonds (oder auch kurz Fonds genannt). Der Anleger ist Miteigentümer am Vermögen des Investmentfonds, das als „Sondervermögen“ bezeichnet wird: Es gehört nicht zur Konkursmasse der Investmentgesellschaft, Sie sind also vor einer Pleite geschützt.

Je nach Art des Hauptinvestments unterscheiden die Finanzprofis zwischen Rentenfonds (Anlage in verzinslichen Wertpapieren), Aktienfonds (Anlage in Aktien), Mischfonds (Anlage in Aktien und Anleihen), AS-Fonds (Altersvorsorge-Sondervermögen, nach gesetzlichen Vorschriften in Aktien, verzinslichen Wertpapieren und Immobilien investiert), Immobilienfonds (Anlage in Immobilien), Optionsscheinfonds oder Futurefonds und Index-Fonds (Anlage in die Wertpapiere, die einen Index wie den DAX bilden).

Der Wert eines Fonds-Anteiles heißt *Rücknahmepreis*, also der Preis, zu dem die Investment-Gesellschaft Fonds-Anteile von den Anlegern zurückkauft. Der *Ausgabepreis* für den Kauf eines Anteils setzt sich zusammen aus dem Rücknahmepreis und einer Gebühr mit dem Namen *Ausgabeaufschlag*.

Diese Konstruktion hat Folgen: Fondsanteile machen anfangs immer „Verluste“, da Sie sie in der ersten Zeit nicht zum Einkaufspreis verkaufen können. Erst wenn der Wert eines Anteils gestiegen ist, können Sie ihn mit Gewinn verkaufen. Der Rücknahmepreis wird einmal täglich ermittelt. Wichtig: Sie kaufen und verkaufen den Fond bei der Investmentgesellschaft. Fonds werden **nicht** an der Börse gehandelt.

Sie können Fonds-Anteile bei den Investmentgesellschaften, jeder Bank sowie bei einzelnen Finanzdienstleistern kaufen. Es gibt außerdem eine Reihe von Discount-Anbietern, die den Ausgabeaufschlag reduzieren. Er enthält nämlich eine Provision für den Vermittler. Die

Discounter geben einen Teil der Provision wieder an Sie zurück, so dass sich der Ausgabeaufschlag bei einigen Fonds sogar halbiert.

Fonds haben eine wesentlich höhere Rendite als Spareinlagen: Angenommen, der Wert Fond wächst jedes Jahr um 10%. In diesem Fall erzielen Sie mit einem Fond über 20 Jahre hinweg eine Rendite von 8,96%. Ein Spareinlage mit 3% Zinsen erzielt nur eine Rendite von 2,7%. Wenn Sie in diesen hypothetischen Fond 10.000 Mark einzahlen, erhalten Sie nach 20 Jahren fast 56.000 Mark, beim Sparbuch nur 17.000 Mark.

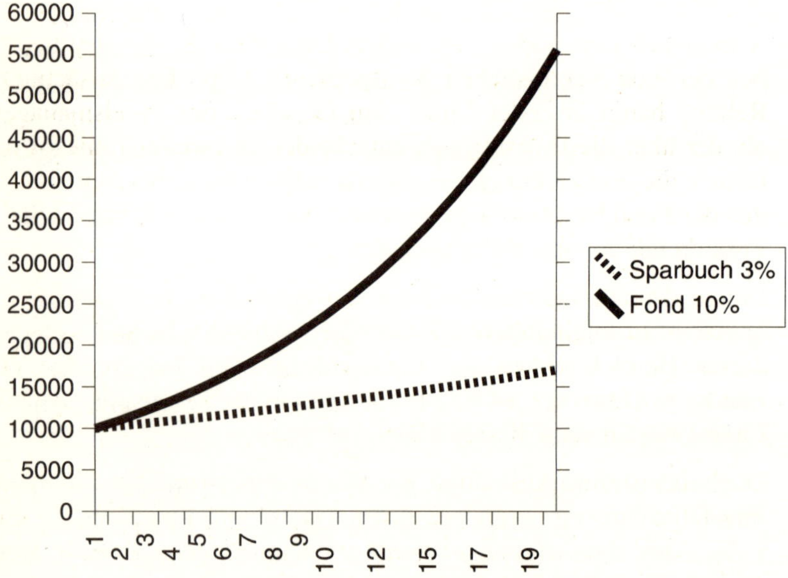

Renditevergleich Sparbuch und Fond

In Deutschland können Sie unter mehr als 1.000 in- und ausländischen Fonds auswählen. Welche Fondsanteile die beste Rendite versprechen, erfahren Sie am besten aus der Zeitschrift FinanzTest unter *www.test.de*. Es gibt jedoch ein paar Regeln, an denen Sie sich orientieren können:

- Im Normalfall sollten Sie nur Anteile von Renten- oder Aktienfonds erwerben. Die anderen Arten von Fonds sind eher etwas für Spezialisten.
- *Rentenfonds* haben eine etwas geringere Rendite, die oft nur knapp über der von verzinslichen Wertpapieren liegt. Die tatsächliche Rendite hängt hier vor allem von der Zinsentwicklung ab. Sie sind jedoch vor allem als langfristige Anlage mit geringem Risiko geeignet. Doch Vorsicht: Bei kleineren Anlagebeträgen fahren Sie mit kostenfreien Bundeswertpapieren besser.
- *Aktienfonds* haben eine durchschnittliche Rendite, die deutlich über der von verzinslichen Wertpapieren liegt. Die tatsächliche Rendite hängt in erster Linie vom Geschick des Fondsmanagers ab, der über die Investitionen entscheidet. In zweiter Linie ist natürlich die Entwicklung des Wirtschaftssektors entscheidend, in den der Fond hauptsächlich investiert wird. Kaum ein Fond schafft Traumrenditen, obwohl es auch das gibt.

  Einige der auf Internet-Unternehmen spezialisierten Aktienfonds haben es zu unglaublichen Zahlen gebracht. Ein Beispiel, das für diesen Bereich üblich ist: Wer Anfang 1998 bei Auflage des Fonds *Nordinternet* 10.000 Mark investierte, konnte die Anteile Ende 1999 für rund 70.000 Mark verkaufen.

  Doch das ist eine Ausnahme, die Durchschnittsrenditen über mehrere Jahre hinweg liegen bei guten Aktienfonds zwischen 8% und 12%. Aber dies ist mit Vorsicht zu genießen, die Rendite kann auch deutlich geringer sein, wenn zum Beispiel die Aktienmärkte einbrechen - Fonds bilden den Gesamtmarkt nach und können kurzfristig auch zu Verlusten führen.
- Anlagen in ausländischer Währung haben ein schwer einschätzbares Wechselkursrisiko. Dies gilt zwar nicht mehr für Euroland, doch Auslandsanlagen können trotz etlicher Gewinne auf dem Papier durch sinkende Währungen wieder aufgefressen werden.

- Generell haben Fonds ein wesentlich geringeres Risko als eine eine Direktanlage in Aktien - schließlich ist eine so breite Streuung wie bei einem Fond nur bei Einsatz relativ großer Summen zu erreichen. Ein gewisses Risiko bleibt, kann aber noch weiter verringert werden Inzwischen bieten viele Fondsgesellschaften sogenannte *Dachfonds* an. Das sind Fonds, die in andere Fonds investieren. Hierdurch erhalten Sie eine extrem breite Streuung des investierten Kapitals, da viele Dachfonds in nationale und internationale Fonds mit Standardwerten und einem kleineren Anteil an Branchenfonds investieren.

Es gibt drei Möglichkeiten, in einen Fond zu investieren: Sie zeichnen Fondsanteile bei der Erstausgabe, sie kaufen Anteile eines „älteren" Fonds bei der Investmentgesellschaft oder Sie schließen mit der Gesellschaft einen Vertrag über einen *Sparplan* ab. Im ersten Fall werden oft geringere Ausgabeaufschläge fällig, Sie erhalten die Anteile also besonders kostengünstig.

Bei einem einmaligen Kauf müssen Sie meistens eine Mindestsumme investieren, die in der Regel bei 5.000 Euro liegt. Wer soviel Geld nicht hat, muss allerdings nicht auf Geldanlage in Fonds verzichten: Die meisten Fondsgesellschaften sowie einige Banken bieten einen sogenannten Sparplan an. Das heißt: Sie kaufen monatlich oder vierteljährlich für eine geringe Summe (meist mindestens 200 Mark) Fondsanteile.

Bei einem Sparplan ist es möglich, gestückelte Anteile zu kaufen - wenn zum Beispiel 200 Mark 1,469 Anteilen entsprechen, dann werden Ihnen auch so viele Anteile gutgeschrieben. Sparpläne eignen sich also auch für Leute, die keinerlei „überflüssiges" Geld besitzen.

Die minimale Einstiegsmöglichkeit in einem Fond ist bei den meisten Gesellschaften ein Quartalsplan, bei dem Sie alle drei Monate die Mindestumme bezahlen - mit rund 68 Mark im Monat sind Sie dabei. Das dürfte selbst für viele Geringverdiener keine riesige Belastung sein.

Eine kostengünstige Alternative zu normalen Fonds mit ihren hohen Ausgabeaufschlägen sind Trading Fonds und Indexzertifikate.

- *Trading Fonds* sind schlicht und einfach Fonds ohne Ausgabeaufschläge, für die allerdings höhere laufende Gebühren berechnet werden. Diese Gebühren entstehen bei allen Arten von Fonds. Sie fallen den meisten Anlegern nicht auf, da Sie „intern" von den Rücknahmepreisen abgezogen werden. Sie dienen der Finanzierung der Fonds-Verwaltung - ebenso wie die Ausgabeaufschläge.

  Mangels Ausgabeaufschlag sind die Renditeverluste durch die unsichtbaren Gebühren größer als bei einem ansonsten „inhaltsgleichen" Fond mit Ausgabeaufschlag. Dadurch eignet sich ein Trading Fonds nur für kurz- oder bestenenfallls mittelfristige Geldanlagen.

  Wenn Sie Anteile an einem Trading Fond erwerben, um sie 15 oder 20 Jahre zu halten, zahlen Sie trotz des geringen Ausgabeaufschlags drauf, da Sie wesentlich mehr interne Gebühren zahlen, als der Anleger in einen Standard-Fond, der oft nach recht kurzer Zeit den Ausgabeaufschlag durch Kursgewinne wett macht und dann eine vergleichsweise bessere Rendite erhält.

- *Indexzertifikate* sind Wertpapiere, die den Kurs eines Aktienindex wie zum Beispiel des DAX oder des Dow-Jones-Index nachbilden. Ihnen steht kein Sondervermögen gegenüber, deshalb werden Indexzertifikate (fast immer) ohne Ausgabeaufschlag ausgegeben. Für Kauf und Verkauf fallen jedoch die für den Aktienhandel üblichen Gebühren an. Die Zertifikate haben eine feste Laufzeit und können börsentäglich verkauft werden.

  Sie sind eine gute Alternative zu Fonds: Wenn der DAX steigt, steigt auch der Wert der DAX-Zertifikate. Aber wenn er sinkt, sinkt auch der Wert Ihrer Geldanlage. Langfristig sind jedoch Zertifikate ein gutes Investment: Die Wertentwicklung kann zwar nicht besser als der jeweilige Index sein, aber eben auch nicht schlechter.

Aktien

Wenn Sie eine Aktie kaufen, werden Sie Miteigentümer („Aktionär") der Aktiengesellschaft - einer Kapitalgesellschaft, die nur mit ihrem Gesellschaftsvermögen haftet. Sie verfügt über ein festes Grundkapital (Untergrenze in Deutschland: 50.000 Euro), das in Aktien zerlegt und als Wertpapier „verbrieft" ist.

Durch den Kauf einer Aktie erhalten Sie Mitgliedschaftsrechte, Gewinnansprüche, Haftungsverpflichtungen und Vermögensansprüche im Ernstfall einer Pleite.

Wie jede Firma, so besitzt auch eine Aktiengesellschaft „Organe", also funktionstragende Positionen. Dies sind die Hauptversammlung, der Aufsichtsrat und der Vorstand, deren Zuständigkeiten eindeutig abgesteckt sind.

Die *Hauptversammlung* der Aktionäre ist zuständig für Satzungsänderungen, Grundkapitalausstattung, Umwandlung, Fusion, Wahl der Prüfer und Aufsichtsratsmitglieder der Kapitalgeberseite. Der *Aufsichtsrat* ernennt und überwacht den *Vorstand*. Dieser leitet die Aktiengesellschaft. Rechtliche Vorschriften regeln den Jahresabschluss und den Geschäftsbericht, die Pflichtprüfung sowie die Veröffentlichung des Jahresabschlusses (Publizitätsgesetz). Das Ganze bewirkt einen weitreichenden Anleger- und Gläubigerschutz.

Aktiengesellschaften können im Gegensatz zu anderen Firmentypen wie der altbekannten GmbH, recht hohe Geldbeträge finanzieren. Deshalb besitzen sie in der Gesamtwirtschaft eine hohe und stetig steigende Bedeutung, Mit dem Gesetz für kleine Aktiengesellschaften von 1994 wurde die Rechtsform der AG auch für den Mittelstand attraktiv gemacht - die rund 200 neuen Aktiengesellschaften pro Jahr sprechen Bände.

Aktien haben einen Nennwert und einen Kurswert. Der *Nennwert* ist der Wert, der auf der Aktie aufgedruckt ist. Dieser beträgt mindestens 1 Euro. Der *Kurswert* entspricht dem Kaufpreis einer Aktie. Er liegt in der Regel höher als der Nennwert. Die mögliche Rendite, die sie mit

Aktien erzielen können, setzt sich zusammen aus der *Dividende* und dem Kursgewinn oder -verlust beim Verkauf sowie den den Kosten für An- und Verkauf und den Depotgebühren für die „Lagerung" der Aktien. Heutzutage werden allerdings die wenigsten Aktien in Form von gedruckten Wertpapieren gelagert, sondern lediglich als Kontoposten.

Arbeitet eine Aktiengesellschaft erfolgreich, schüttet sie einmal jährlich einen Teil des Unternehmensgewinns als Dividende an die Aktionäre aus. Meist ist die Dividende aber nur zweitrangig für die Gewinne mit einer Aktie. Bei einer Aktie zum Kaufwert von 100 Mark ist eine Dividende von 1,50 Mark schon recht ordentlich. Doch was ist, wenn die Aktie 300 Mark gekostet hat? Die eigentliche Rendite einer Aktie ergibt sich beim Verkauf zu deutlich höheren Kursen als zum Kaufzeitpunkt.

Für die ausgebenden Firmen sind Aktien ein Mittel zur Kapitalbeschaffung. Wenn eine Firma neue Aktien ausgeben will, wird der Wert über ein Bankenkonsortium ermittelt und die Neuaktien werden zu diesem Preis an sogenannte „Erstzeichner" ausgeben. Da es fast immer mehr Kaufinteressenten als Aktien gibt, wird die Aktienmenge nach einem bestimmten Verteilungsschlüssel ausgegeben. Das Geld aus diesem Emissionspreis streicht die Aktiengesellschaft ein.

Danach wird die Aktie an der Börse gehandelt. Der Erstverkaufspreis liegt vor allem bei zukunftsfähigen Technologiewerten oft weit über dem Erstemissionspreis - ein Beispiel dafür ist die Aktie der amerikanischen Software-Firma Caldera (Börsengang 1999), bei der der Erstverkaufspreis rund 700 Prozent über dem Erstemissionspreis lag.

Sobald die Aktie an der Börse gehandelt wird, verändert sie ihre Funktion für eine Firma: Der Aktienkurs wird nun zu einem Gradmesser für den von den Aktionären erwarteten Erfolg der Firma. Eine AG, die gut arbeitet und Gewinne erzielt, hat in der Regel auch einen hohen Aktienkurs - dies nennt sich „Shareholder Value", der Wert für den Anleger.

Bei der Börse ist allerdings auch viel Psychologie im Spiel. Zum Teil sind Aktien ein „Wechsel" auf die Zukunft: Software- und Internet-

Firmen haben oft einen hohen Börsenwert, der aber durch Unternehmenszahlen wie Umsatz oder gar Gewinn nicht gedeckt ist. Abrupte Kurssprünge in zweistelligen Prozenten sind keine Seltenheit.

Und die Solidität eines Unternehmens muss sich nicht immer in Börsenkursen ausdrücken. Siemens ist ein gutes Beispiel dafür: Obwohl die Firma auch in der Vergangenheit solide und profitabel war, dümpelte der Kurs lange Zeit bei etwa 40 bis 60 Euro. Erst eine Reorganisation der Geschäftsfelder sowie ein etwas weniger beamtenhaftes Geschäftsgebahren führte 1999 zu einem Anstieg des Börsenkurses bis auf über 120 Euro und einer wahren Explosion in den ersten sechs Wochen des Jahres 2000 bis auf mehr als 175 Euro .

Bei geschickter Geldanlage können Sie mit den richtigen Aktien innerhalb eines Jahrzehnts reich werden. Ein Beispiel, das Ihnen die Tränen in die Augen treiben soll: Wer Anfang 1989 für 10.000 US-Dollar Aktien des PC-Herstellers Dell gekauft hat, konnte sie Ende 1999 für 3,5 Millionen Dollar verkaufen. Mit den falschen Aktien wäre das eingezahlte Kapital allerdings auf ein paar Mark zusammengeschmolzen. Meist geht das Verlieren fixer als das Gewinnen: Wer im Vertrauen auf eine anspringende Baukonjunktur Anfang 1998 10.000 Mark in den jüngst vor die Wand gefahrenen Baukonzern Phillip Holzmann AG investierte, konnte die Aktien Anfang 2000 für gerade noch 1.500 Mark verramschen.

Optionsscheine

Diese Wertpapiere nennt man übergreifend auch „Derivate“, da es sich um abgeleitete Wertpapiere handelt - sie sind immer auf einen anderen Wert („Basiswert“) wie zum Beispiel eine Aktie bezogen.

Bei Derivaten handelt es sich um sogenannte Termingeschäfte. Je nach Termingeschäftsart sind die Vertragsparteien berechtigt oder verpflichtet, einen bestimmten Basiswert zu beziehen oder zu verkaufen, wobei Zeitpunkt, Menge und Preis von vornherein festgelegt werden. Die Erfüllung der vertraglichen Vereinbarungen erfolgt erst zu einem in den Vertragsbedingungen festgelegten Zeitpunkt in der Zukunft.

Bei Derivaten nehmen Sie mit einem niedrigen Kapitaleinsatz überproportional an der Preisentwicklung des Basiswertes teil und erzielen oft riesige Gewinne. Der Totalverlust des eingesetzten Geldes ist aber nicht nur möglich, sondern sogar recht wahrscheinlich.

Neben den Optionsscheinen als bekanntesten Derivaten gibt es auch andere Varianten wie zum Beispiel die nicht an der Wertpapierbörse gehandelten Optionen und Futures. *Optionsscheine* werden von Banken ausgegeben, wobei sie sich über einen entsprechenden Deckungsbestand des Basiswerts absichert. Im Börsensprech sind das „Covered Warrants".

Ein Optionsschein besitzt immer einen Basispreis. Ein Kaufoptionsschein (*Call*) verbrieft das Recht, den zugrundeliegenden Basiswert zu einem im voraus festgelegten Basispreis zu erwerben oder vom Emittenten die Auszahlung der Differenz zwischen aktuellem Kurs und Basispreis zu verlangen.

Anders ausgedrückt: Sie setzen auf steigende Kurse. Ein Call ist billig, wenn der Kurs der Bezugsaktie unter dem Basispreis liegt. Steigt der Kurs über den Basispreis, dann steigt auch der Preis des Optionsscheins. Sie können ihn nun verkaufen und erkleckliche Gewinne einfahren, ein paar hundert Prozent sind bei üppigen Wertsteigerungen der Bezugsaktie kein Problem. Der Hebeleffekt, bei dem Call-Kurse stärker steigen als der Kurs des Basiswerts, hat zu einer gewissen Call-Verliebtheit bei selbsternannten Spekulanten geführt. Doch nur Hellseher und die Bank gewinnen bei Calls immer.

Der Verkaufsoptionsschein (*Put*) verbrieft als Gegenposition zum Call das Recht, dem Emittenten den Basiswert zu dem im voraus festgelegten Basispreis anzubieten oder die Differenz zwischen Basispreis und Tageskurs ausgezahlt zu bekommen.

Bei Puts setzen Sie auf fallende Kurse. Ein Put ist dann billig, wenn der Kurswert der Bezugsaktie über dem Basispreis liegt. Sinken die Kurse der Aktie unter den Basispreis, dann steigen die Kurse des Optionsscheins.

Ein Put kann bei Geldanlegern mit einem hohen Depotwert ab sechsstelligen Zahlen ein sinnvolle Aufgabe erfüllen: Sie können sich gegen absinkenden Kurse „versichern“, in dem Sie Puts kaufen, die Sie dann bei sinkenden Kursen des Basiswerts mit Gewinn verkaufen. Dadurch können Sie zumindest einen Teil der Verluste mit den Puts ausgleichen. Doch Vorsicht: Wenn die Kurse des Basiswerts steigen, ist das Geld für die Puts schlicht und einfach verloren. Die Kalkulation mit der „Kursrisikoversicherung“ geht nur auf, wenn die Kursgewinne bei den Aktien des Basiswerts größer sind als der in Puts investierte Betrag.

Calls dagegen sind auf den ersten Blick reine Zockerpapiere. Doch es gibt sinnvolle (und risikoreiche) Anwendungen dafür: Sie können sie nutzen, um entgangene Gewinne bei einer eher schlecht laufenden Aktie doch noch einzuholen. Ein Beispiel: Sie kaufen Anfang des Jahres XYZ-Aktien, deren Kurs aber Mitte des Jahres immer noch um den ursprünglichen Kaufpreis pendelt. Nun vermuten (oder hoffen) Sie, das spätestens bis Ende des Jahres der Kurs von aktuell 50 auf mindestens 80 Euro steigen wird. In diesem Fall sollten Sie für eine gewisse, nicht übertrieben hohe Geldsumme Calls auf diesen Basiskurs kaufen. Wenn die Kalkulation aufgeht, können Sie nicht nur die Kursgewinne der Aktien, sondern auch die Gewinne aus dem Call einstreichen - eine Art Entschädigung dafür, daß die Aktie ein paar Monate nur wenig Gewinn brachte. Doch um „Zockerei“ handelt es sich in diesem Fall trotzdem. Wenn nämlich die Kurse nicht steigen, ist das Geld für die Calls verloren, wogegen Ihnen bei den Aktien wahrscheinlich die eingesetzte Summe bleibt.

Kurz und gut, für einen risikobewußten Anleger mit einem eher geringen frei verfügbaren Geldbetrag heißt die Devise: Finger weg von Derivaten, sie sind nur etwas für notorische Spieler, denen auch große Verluste keine Probleme bereiten.

3. So funktioniert die Börse

Wer Artikel zur Börse liest, die nicht auf den Wirtschaftsseiten einer Tageszeitung stehen, bekommt den Eindruck, als handele es sich bei der Börse um eine Art Spielbank oder mindestens ein überdimensionales Wettbüro. Zwar versteht mancher spekulativ eingestellte Anleger die Börse als Spielwiese, doch eigentlich ist die Börse eher ein Marktplatz.

Die Börse als Markt

Aktien, einige verzinsliche Wertpapiere und Optionsscheine werden an der Börse gehandelt. Die Börse ist also ein Markt für Wertpapiere. Das heißt: Wenn Sie auf diesem Markt Aktien kaufen oder verkaufen möchten, müssen Sie allerdings einen Börsenhändler oder -makler beauftragen. An der Börse dürfen nur von der Börsenaufsicht zugelassen Personen die Kauf- oder Verkaufaufträge ausführen.

Dienstleistungsfirmen, die für Sie die Wertpapieraufträge erledigen, werden auch „Broker" genannt. Die meisten Aktiengeschäfte von Kleinanlegern werden über eine Bank oder Sparkasse erledigt. Dabei ist es egal, ob es sich um eine Bank mit Anlageberatung oder eine Direktbank handelt, die keine Beratung anbietet. Seit einigen Jahren haben sogenannte Direktbroker eine gewisse Bedeutung bekommen. Diese Firmen bieten ausschließlich den Handel mit Wertpapieren in Ihrer Produktpalette an.

Bevor Sie mit Ihrer Bank ins Geschäft kommen, müssen Sie dort einige Auskünfte geben: Wieviel Sie verdienen, welche Anlageziele Sie haben, welche Wertpapiergeschäfte Sie schon ausgeführt haben und ähnliches. Die Kreditinstitute sind zu einer Aufklärung Ihres Kunden über die Chancen und Risiken der Wertpapiergeschäfte verpflichtet. Durch einen solchen detaillierten Fragebogen können die Banken den Kunden besser einschätzen, sich aber auch absichern, falls der Kunde die Bank für eventuelle Verluste verantwortlich machen will.

Dann können Sie Ihren ersten Auftrag („Order“) loswerden: Den Kauf oder Verkauf einer bestimmten Anzahl von Aktien zu einem bestimmten Preis. Der wichtigste Bestansteil dabei ist neben der Zahl der Aktien die *Wertpapierkennummer (WKN).* In Deutschland besitzt jede Aktie und jedes andere Wertpapier eine eindeutige Nummer, die anstelle des Namens zur Identifizierung im Handel benutzt wird. Mit Hilfe der WKN können Sie Aktien kaufen oder verkaufen und die Kurse der Aktien erfahren.

Der Händler („Broker“) gibt den Auftrag an einen Makler weiter. Der Makler vermittelt Wertpapiergeschäfte zwischen Leuten, die kaufen und solchen die verkaufen wollen. Wenn Sie zum Beispiel Siemens-Aktien kaufen wollen, dann muss der Makler jemanden finden, der genau diese Aktien verkaufen möchte.

In der Praxis hat dieses sogenannte „Parkettgeschäft“, bei dem ein Makler aus Fleisch und Blut die Aufträge zu sehen bekommt, immer weniger Bedeutung. Ein Großteil der Wertpapiergeschäfte werden über den elektronischen Handel abgewickelt. Dabei landen alle Kauf- und Verkaufaufträge in einer großen Datenbank und werden automatisch nach den genannten Kriterien vermittelt. Die Makler überwachen diesen Prozess nur noch.

Provisionen und Gebühren

Das Engagement der Bank und des Maklers sind nicht kostenlos zu haben. Banken und Broker fordern zumeist eine Provision („eigene Spesen“) von 1% des Kurswertes. Bei kleinen Auftragsmengen wird in der Regel eine Mindestgebühr fällig. Die Maklercourtage beträgt zur Zeit etwa 0,04% für DAX-Werte und 0,08% für alle anderen Werte. Falls der Auftrag nicht über den elektronischen Handel abgewickelt wird, können auch noch Gebühren der Börse anfallen.

Damit ist es noch nicht genug: Die Aktien müssen irgendwo verwaltet werden. Dies geschieht in einem sogenannten Depot - einem Konto für Wertpapiere. Selbstverständlich fallen auch hier wieder Gebühren an.

Je nach Bank zu Bank liegt die Depotgrundgebühr jährlich zwischen 15 und 40 DM und außerdem noch etwa 0,1% des Kurswertes pro Posten (oder eine Mindestgebühr). Wenn Sie also viele verschiedene Aktien besitzen, dann ist die Verwaltung eines Depots recht teuer.

Gedruckte Aktien

Die wenigsten Firmen drucken noch Aktien, nur in Ausnahmefällen gibt es ein paar PR-geeignete bunte Papiere. Die gedruckten Aktien werden Tafelaktien oder „effektive Stücke“ genannt.

Für Nostalgiker ein Blick um wenige Jahre zurück: Wer Aktien kaufte, bekam nach einer gewissen Zeit einen Stapel gedruckter Aktien. Zu jeder Aktie gab es einen weiteren Bogen Papier - den Kuponbogen. Aus diesem Bogen musste einmal im Jahr ein einzelner Kupon ausgeschnitten und bei der AG eingereicht werden. Er diente dem Aktienbesitzer als Nachweis für die Gutschrift der Dividende.

Der sprichwörtliche „Kuponschneider“ (alias zigarrenrauchender Großkapitalist mit Bowler-Hut) ist heutzutage ausgestorben und fristet lediglich noch eine Kümmerexistenz als Pappkamerad in den Parteitagsanträgen einiger SPD-Kreisverbände. Statt dessen werden Aktien heute wie Geld verwaltet - rein „virtuell“ auf Konten.

Arten von Aktien

Einige Unterscheidungen bei Aktien sind wichtig für das Verständnis der Börse: *Namensaktien* sind Aktien, die ein „Indossament“ tragen. Das ist bei gedruckten Tafelaktien nichts weiter als der Eindruck des Aktionärsnamens. Gleichzeitig ist der Aktionär bei der Gesellschaft im Aktienbuch registriert. *Inhaberaktien* dagegen tragen kein Indossament und gehören somit dem, in dessen Depot sie sich befinden.

Inhaberaktien waren in der Vergangenheit an den deutschen Börse sehr beliebt, da sie sich etwas einfacher handeln lassen: der Altbesitzer muss nicht aus dem Aktienbuch aus- und der neue eingetragen werden. Doch in den letzten Jahren stellen viele Firmen auf Namensaktien um. Sie haben für die Firmen den großen Vorteil, dass sie sich direkt an die namentlich bekannten Aktionäre wenden können.

Der Besitz mindestens einer Aktie berechtigt zum Besuch der Aktionärsversammlung und schließt ein Stimmrecht zu allen Punkten der Aktionärsversammlung ein. Diese Form von Aktien heißt *Stammaktien*. Es gibt jedoch auch Aktien ohne Stimmrecht, die *Vorzugsaktien* genannt werden. Sie erzielen zum Ausgleich eine etwas höhere Dividende als Stammaktien.

Manche Unternehmen geben alternativ oder ergänzend zu Aktien auch sogenannte *Genussscheine* aus. Dies ist ein Wertpapier, das dem Besitzer Vermögensrechte an einer Gesellschaft sichert, ihn aber nicht zum Mitbesitzer macht.

Angebot und Nachfrage

Es ist ein Gemeinplatz: Die Kurse der Aktien schwanken, zum Teil sogar recht stark innerhalb eines einzigen Tages. Doch was genau geht dabei vor sich?

Der Kurs einer Aktie ist nichts anderes als der Preis, zu dem sie im Augenblick gehandelt wird. Die viel zitierte Formel für die Entstehung eines Preises lautet, das Angebot und Nachfrage den Preis bestimmen. Anders ausgedrückt: Der Preis einer Aktie ermittelt sich daraus, bei welchem Preis sich die Anbieter und Nachfrager einigen und das Geschäft abschließen. Damit die Preisbildung nicht wie auf dem sprichwörtlichen Basar abläuft, werden Kauf- und Verkaufsangebote für jede einzelne Aktie zentral erfasst und ausgewertet.

Aufgabe des amtlichen Maklers ist es, alle aktuellen Angebote aufzunehmen, zusammenzufassen und auszuwerten. Bei ihm geben die Händler ihre Angebote oder Kaufwünsche ab. Er sammelt sie und errechnet aus diesen Daten den aktuellen Kurs des Papiers. Zumeist hat er allerei Kauf- und Verkäufswünsche vorliegen, deren Preisvorstellungen unterschiedlich ist. Sie könnten beispielsweise zwischen 35 und 40 Mark für eine bestimmte Aktie liegen. Der Makler berechnet nun einen Kurs, bei dem die meisten Umsätze möglich sind. Je nach Anzahl der Aufträge könnte der Kurs zum Beispiel auf 37,50 Mark festgelegt werden, da hier der Umsatz am höchsten ist.

Wer zu einem anderen Preis kaufen oder verkaufen wollte, muss nun überlegen, ob er zu diesem Preis das Geschäft abschließen will oder ob er auf einen besseren Kurs warten soll. Es passiert immer wieder, dass eine bestimmte Aktie an einem Tag gar nicht gehandelt wird, weil die Vorstellungen von Käufern und Verkäufern zu weit auseinanderklaffen. Dann gibt es eine Fülle von neuen Preisfestsetzungen, und der Kurs kann dabei häufig hin- und herschwanken.

Im Börsenjargon gibt es vier Begriffe, die sich auf die Preisfestsetzung beziehen. Sie kommen in Börsenberichten vor und werden deshalb kurz erklärt.

- *Geldkurs* bedeutet: Zu einem Handel kam es nicht, weil zu dem gebotenen niedrigen Kurs niemand verkaufen wollte.
- *Briefkurs* bedeutet: Zu einem Handel kam es nicht, weil zum geforderten hohen Preis niemand kaufen mochte.
- *Taxkurs* ist ein vom Kursmakler geschätzter Kurs, weil keine Umsätze zustande kamen.
- Der *Kassakurs* dagegen ist ein amtlich ermittelter Kurs, der für den ganzen Tag gültig ist und auch für Verkäufe benutzt werden kann. Kassakurse sind bei Aktien kleinerer Firmen mit geringem Handelsvolumen die übliche Art der Preisfestsetzung.

Die Preisvorstellung eines Käufers oder Verkäufers wird übrigens *Limit* genannt. Und direkt ein Tip: Bei jeder Kauf- oder Verkaufsorder sollten Sie ein Limit angeben. Beim Kauf verhindern Sie mit einem Limit einen ungünstigen, weil zu hohen Kaufkurs. Beim Verkauf verhindert ein Limit unnötige Verluste durch börsentägliche Kursschwankungen. In der Regel sollten sie den Vortageskurs bei Börsenende als Limit angeben. Ihre Order wird erst dann ausgeführt, wenn das Limit durch den Kurs erfüllt wird - im Einzelfall kann das auch erst am folgenden Tag geschehen.

Aktienorder ohne Limit werden *bestens* (so der Jargon) ausgeführt. Das heißt aber nicht, zum besten Kurs, sondern zum nächstbesten. Da die Kurse auch innerhalb eines Tages schon mal um ein paar Prozent schwanken können, sind solche Orders immer etwas mit Risiko behaftet. Bei Käufen sollten Sie nur bestens ordern, wenn Sie die Aktie unbedingt haben wollen. Bei Verkäufen sollten Sie immer ein Limit setzen, um möglichst hohe Kursgewinne zu erzielen.

Wissenswertes über die Börse

An den Erklärungen zur Entstehung eines Börsenkurses können Sie sehen, daß an der Börse ziemlich komplizierte Dinge geschehen. Damit Geldanleger etwas leichjter den Überblick bekommen, gibt es Börsensegmente, Aktienindizes und mit Hilfe der Aktienanalyse können Sie zumindest ein paar halbwegs gesicherte Prognosen über den Kursverlauf abgeben.

Die Börsensegmente

Geldanleger wollen sicher gehen, dass Sie keiner unsoliden Firma auf den Leim gehen. Zumindest in Deutschland gibt es ein paar Richtlinien und der Aktienhandel ist genau geregelt. Er ist in vier „Börsensegmente“ eingeteilt:

- Im *amtlichen Handel* gelten die höchsten Ansprüche an Unternehmen. Wenn eine Firma an die Börse gehen will, muss sie einen ausführlichen Prospekt mit genauen Angaben vorlegen. Außerdem müssen laufend Zwischenberichte sowie jährlich eine Bilanz in einem Börsenpflichtblatt veröffentlicht werden. Die Kurse rechnen die amtlichen Kursmakler aus. Über den amtlichen Handel laufen die meisten Geschäfte der deutschen Börse.

- Der *geregelte Markt* bietet gegenüber dem amtlichen Handel den Unternehmen einen leichteren Zugang zum Börsenhandel. Der Börseneinführungsprospekt („Unternehmensbericht“) kann kürzer sein. Die Pflichtveröffentlichung muss nicht unbedingt in der Börsenpresse erfolgen, sondern kann auch an den Schaltern der Banken und Sparkassen ausgelegt werden. Durch diese und andere Erleichterungen soll vor allem mittelständischen Unternehmen die Möglichkeit geboten werden, kostensparend an die Börse zu gehen. Der Handel folgt ansonsten den gleichen Regeln wie der amtliche Handel

- Im *Freiverkehr* werden Wertpapiere gehandelt, die weder zum amtlichen Handel noch zum geregelten Markt zugelassen sind. Die Aufnahme in den Freiverkehr erfolgt bei den einzelnen Börsen auf Antrag eines Kreditinstitutes. Voraussetzung ist, dass ein ordnungsgemäßer Börsenhandel gewährleistet erscheint. Die Preise werden durch spezielle Makler festgestellt und börsentäglich veröffentlicht.

- 1998 machte die Deutschen Börse AG den „*Neuen Markt*“ auf, der junge Unternehmen aus der Hochtechnologie fördern soll. Hier finden Sie Internet-Firmen, Telefongesellschaften oder TV-Agenturen. Wer hier investiert, geht ein höheres Risiko ein, kann aber hohe Gewinne erzielen.

Aktienindizes

Wer die Kurse verschiedener Aktien über längere Zeit verfolgt, erkennt sofort, dass sich die Kurse oft mehr oder weniger gleichgerichtet bewegen. Wenn Siemens steigt, steigt meist auch die Telekom - und umgekehrt. Diese Tendenz haben die Börsen genutzt, um mit sogenannten Aktienindizes ein minütlich aktualisiertes Stimmungsbarometer anzuzeigen.

Ein Aktienindex ist ein berechneter Wert, in den eine große Zahl an Aktien einfliesst. Der Dow-Jones-Index ist der älteste und bekannteste Aktienindex. Er wurde 1896 von den Wirtschaftsjournalisten und

Gründern des „Wallstreet Journals", Charles Henry Dow und Edward David Jones, erfunden. Er besteht aus 30 repräsentativen Unternehmen, die für etwa 20 Pozent des gesamten Aktienvolumens an den amerikanischen Börsen stehen. Anfangs wurde der Dow-Jones einfach als Durchschnitt aus dem Aktienwert der 30 Unternehmen berechnet. Inzwischen gibt es kompliziertere Berechnungsverfahren, bei denen die Unternehmen gewichtet werden.

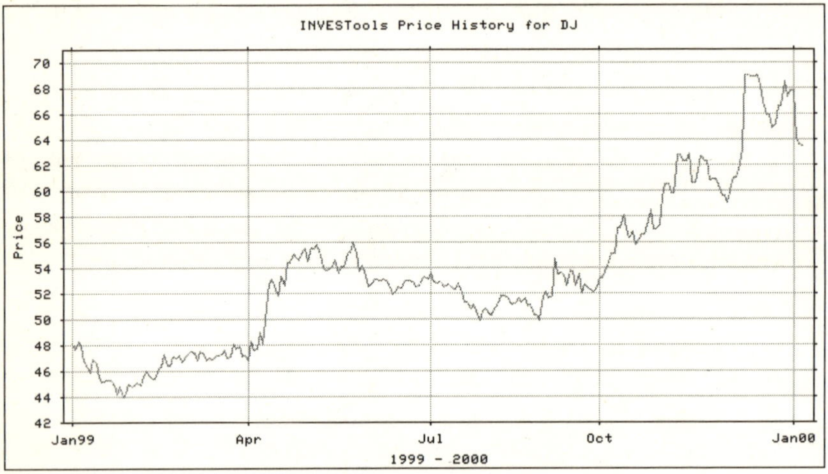

Der Dow-Jones-Index 1999

Der DAX (Deutscher Aktienindex) besteht aus den 30 Firmen, in denen das meiste Kapital gebunden ist. Es gibt ihn erst seit 1988 und sein Startpunkt wurde willkürlich auf einen Wert von 1.000 festgelegt. Anfang 2000 ging der DAX über die 7.000er-Marke - ein fast nicht zu glaubendes Wachstum.

Neben diesen wichtigen Aktienindizes gibt es in Deutschland und Europa noch einige nicht so bekannte Indizes. Ein sehr wichtiger Index ist der EURO-STOXX 50 dem 50 der größten europäischen Unternehmen angehören. Damit wird die Entwicklung der Börse in „Euroland" gemessen. In dem Index sind vor allem Industrie-Unternehmen, meist traditionsreiche, die sich über Jahrzehnte oder Jahrhunderte entwickelten, aber auch einige High-Tech-Werte.

Der Dax in Aktion

Der MDAX enthält die Werte 31-100, also die 70 größten Unternehmen nach den DAX-Titeln. Der SDAX ist ein Index für kleinere, aber aussichtsreiche Aktien. Er bildet die Wertentwicklung der 100 stärksten Nebenwerte ab.

Der NEMAX 50 und der „NEMAX ALL SHARE INDEX" sind zwei Indizes für den Neuen Markt. Im „NEMAX ALL SHARE INDEX" sind alle Werte des Neuen Marktes nach Größe gewichtet enthalten. Die „Blue Chips" (Standardwerte) des Neuen Marktes sind im NEMAX 50 zusammengefasst.

Aktienanalyse

Die manchmal unerklärlich scheinenden Bewegungen von Kursen oder Indizes rufen natürlich Prognostiker auf den Plan. Denn wenn sich die Kursverläufe zumindest mit einer gewissen Wahrscheinlichkeit vorhersagen lassen, sind natürlich wesentlich sicherere Investitionen als ohne „Prognose“ möglich.

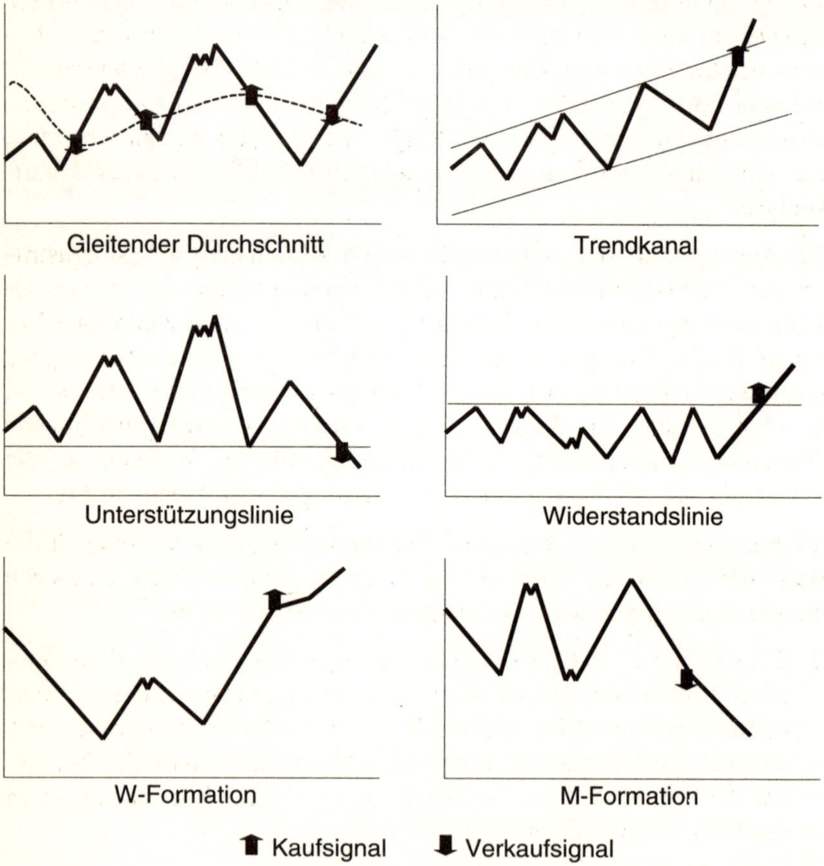

Chart-Analyse

Doch leider: Der Versuch einer Prognose der Entwicklung der Wertpapiermärkte kommt eher einer Prophetie gleich. Und wie das so ist mit Propheten - es bilden sich gleich Glaubensrichtungen, in diesem Fall die Chartisten und die Fundamentalisten.

Die *Chartisten* lesen Kauf- und Verkaufssignale aus einem Diagramm („Chart") der Kursentwicklung über der Zeit. Chartisten versuchen, aus der Entwicklung des Kurses in der Vergangenheit Rückschlüsse auf die zukünftige Entwicklung zu ziehen. Dazu werden neben dem Kursverlauf auch verschiedene Indizes und Hilfslinien dargestellt. Ein typischer Index ist zum Beispiel der Durchschnitt über die letzten 38, 100 oder 200 Börsentage. Aus Schnittpunkten und dem Überschreiten bestimmter Grenzwerte werden Kauf- und Verkaufssignale ermittelt. Die Abbildung zeigt einige der wichtigsten Elemente der Chart-Analyse.

Die Aussagekraft der „chart-technischen Aktienanalyse" ist umstritten, die graphische Darstellung von Kursen und Indizes ist aber zur Orientierung in jedem Fall sinnvoll. Dazu gibt es auch zahlreiche Lösungen für den Computer. Der Vorteil hier: Sie können die Kurse ganz bestimmter Aktien in fast beliebig modifizierbaren Charts darstellen. Im Internet finden Sie ebenfalls Charts, die oft auch nach persönlichen Vorlieben gestaltet werden können. Dabei müssen Sie nicht an die Aktualisierung der Kurse denken, das erledigt der Anbieter für Sie.

Für *Fundamentalisten* (eigentlich Fundamentalanalysten) spiegelt die Börse die zukünftige Entwicklung einzelner Unternehmen, Branchen und der Wirtschaft wider. Für sie gelten nur harte Zahlen:

- *Kurs-Gewinn-Verhältnis* (KGV): Es errechnet sich aus dem aktuellen Börsenkurs geteilt durch den pro Aktie erwarteten Unternehmensgewinn. Eine Aktie gilt als „billig" oder „unterbewertet", wenn das KGV niedrig (unter 10) ist. Das kann man als Kaufsignal deuten, denn wenn der Markt den wahren Wert erkennt, wird der Kurs vermutlich steigen.
- *Dividendenrendite*: Das ist die Rendite der Aktienanlage, wenn man nur die Dividenden und keine Kursgewinne berücksichtigt.

- *Gewinn- und Umsatzerwartungen* eines Unternehmens oder ganzer Branchen.
- *Cash-Flow:* Ein „bereinigter Gewinn“, an dem sich ablesen lässt, ob eine Aktiengesellschaft genügend frei verfügbare Gelder hat.
- Die *Leitzinsen* und das Zinsniveau für festverzinsliche Wertpapiere und Kredite.

Auch die Fundamentalanalyse ist nicht der Weisheit letzter Schluss. Zum Beispiel kann sie schwer erklären, warum sich die Aktienmärkte manchmal trotz geringem Wirtschaftswachstums gut entwickeln.

Investmentclubs

Ein Investmentclub ist ein Zusammenschluss von Privatpersonen, die sich in der Regel einmal im Monat treffen, Geld in die gemeinsame Kasse einzahlen und davon Aktien kaufen.

Der erste Investmentclub wurde bereits im Jahre 1898 von einem amerikanischen Farmer gegründet, der in Investionen in die Industrie langfristig eine Perspektive sah. Weil er alleine als zu kapitalschwach war, aktivierte er Freunde, Verwandte und Nachbarn und gründete einen Investmentclub. Die bereits erwähnte „Deutsche Schutzvereinigung für Wertpapierbesitz“ machte Investmentclubs in den sechziger Jahren in Deutschland bekannt.

Ein Investmentclub ist trotz seines Namens keine informelle Vereinigung oder gar ein Verein. Aus rechtlichen Gründen muss ein Investmentclub eine Gesellschaft bürgerlichen Rechts (GbR) sein. In diesem Fall nicht ist der Club steuerpflichtig, sondern nur das einzelne Mitglied. Eine GbR kann bis zu 30 Mitglieder haben.

Damit der Club nicht vom Finanzamt als Finanzdienstleister eingeschätzt wird, sollte *erstens* der Gesellschaftervertrag des Clubs penibel dem Mustervertrag der „Deutsche Schutzvereinigung für Wertpapierbesitz“ entsprechen und *zweitens* sollte das Vermögen des Clubs 1 Million DM nicht überschreiten.

Der Club benötigt eine Geschäftsführung, die möglichst Bankerfahrung haben sollte. Der gesamte Gründungsvorgang muss aus rechtlichen Gründen protokolliert werden und alle Gründungsmitglieder müssen den Gesellschaftervertrag unterschreiben. Ein Investmentclub benötigt ein eigenes Verrechnungskonto und ein Wertpapierdepot. Da der Ansprechpartner für die Verwaltung des Clubdepots die GbR bzw. der Geschäftsführer ist, muss die Depotbank eine Ausfertigung des unterschriebenen Gesellschaftervertrages bekommen.

Damit der Club arbeiten kann, benötigt er natürlich Geld von den Mitgliedern. Dabei gibt es zwei Modelle: Eine Starteinlage und anschließend regelmäßige, monatliche Überweisungen oder unregelmäßige Zahlungen in beliebiger Höhe.

Üblicherweise sollten alle Mitglieder die Investitionsentscheidungen einstimmig treffen. Das Clubvermögen (Depotwert minus Kosten) muss nach einem Schlüssel auf die Mitglieder verteilt werden. Ideal ist dabei das Anteilssystem: Sie legen bei Gründung des Club den Startwert eines Anteils fest - zum Beispiel 50 Mark.

Der Wert eines Anteils errechnet sich nun relativ einfach: Sie stellen einmal im Monat den Wert des Depost fest und addieren hierzu das Barvermögen (durch Einzahlungen, Dividenden und Verkäufe) des Clubs.

Von diesem Bruttovermögen ziehen Sie die Kosten und Gebühren der Depotbank sowie bei Bedarf andere Kosten (Porto, Online-Kosten etc.) ab. Anschließend stellen Sie fest, wieviel Geld im aktuellen Monat eingezahlt wurde und ziehen es von der eben ermittelten Summe ab. Dieser Schritt ist wichtig, da die Anteilsberechnung immer rückwirkend ist.

Durch diese Rechnerei haben Sie das Nettovermögen des Clubs ermittelt. Nun können Sie es durch die Anzahl der Anteile teilen, die Sie einen Monat vorher ermittelt haben. Damit erhalten Sie den Wert eines Anteils.

Zum guten Schluss müssen Sie noch die „Anteilskonten" jedes Mitglieds aktualisieren, indem Sie die eingezahlte Summe durch den soeben ermittelten Anteilswert teilen. Diese Berechnung sollte auf drei Stellen genau sein, da ähnlich wie bei einem Investmentfonds auch „Bruchanteile" möglich sind. Nun wird entsprechend der Einzahlung jedem Mitglied die neugekaufte Anteilszahl gutgeschrieben.

Solange der Club noch keine Aktien gekauft hat, bleibt der Wert eines Anteils bei den anfangs festgesetzten 50 Mark. Sollten schon Kosten entstehen, so sinkt der Wert natürlich. Sobald die ersten Aktien gekauft worden sind und Kursgewinne entstehen, steigt der Wert eines Anteils und jeden Monat erhält ein Mitglied mit einer Rate von 50 Mark weniger „Bruchanteile" für sein Geld - wie bei einem Fond.

Weitere Informationen über Investmentclubs gibt es bei der Deutschen Schutzvereinigung für Wertpapierbesitz e.V. (DSW), Postfach 14 02 43, 40072 Düsseldorf. Hier können Sie die Broschüre „Leitfaden zur Gründung von Investmentclubs" gegen eine Gebühr von 10 Mark bestellen.

Infos im World Wide Web finden Sie unter den folgenden Adressen: *http://www.dsw-info.de/* und *http://pantalone.hypermart.net/infos/faq/*

Anlagestrategien

Bevor Sie überhaupt ein Wertpapierdepot bei einer Bank oder einem Broker eröffnen, sollten Sie sich über Sinn und Zweck des Aktieninvestments klar werden: Möchten Sie ein Vermögen zum Beispiel für die Alterssicherung aufbauen oder wollen Sie mittelfristig irgendein Ziel (Hausbau oder Autokauf) verwirklichen? Beides ist mit Aktien zu erreichen, sofern Sie keine festen Termine für das Anlageziel vorgeben.

Das Anlageziel

Kurzfristige Anlageziele („Ich will in 3 Monaten 2.000 Mark für meinen Urlaub haben".) sind eigentlich nicht sinnvoll: Sie besitzen ein sehr hohes Risiko, da es durchaus zu einem Absturz der Kurse kommen kann, so dass Sie ohne starke Verluste nicht verkaufen können. Zwar sind kurzfristige Gewinne vor allem im Neuen Markt möglich, aber keinesfalls sicher.

Bei *mittelfristige Anlagezielen* („In fünf Jahren wird gebaut".) sind vor allem der Zeitpunkt für den Einstieg und den Ausstieg wichtig. Auch hier gibt es ein relativ hohes Risiko, wenn Sie das Geld zu einem bestimmten Zeitpunkt benötigen. Falls sich Ihre Aktien in einer Verlustphase befinden, ist entweder die Rendite nicht optimal oder es sind sogar Verluste möglich.

Mit *langfristigen Anlagezielen* sind sie auf jeden Fall der Gewinner - je länger Sie Aktien halten, desto besser. Untersuchungen der Finanzmärkte bestätigen dies: Die Verlustwahrscheinlichkeit eines gut gemischten Aktiendepots liegt nach einem Jahr bei etwa 20%, nach 20 Jahren jedoch nur noch bei etwa 0,5%.

Wenn Sie früh genug anfangen, sind Sie als Rentner sogar unter Garantie Millionär: Angenommen, Sie fangen als Twen an, jährlich 10 Prozent Ihres Einkommens von beispielsweise 30.000 Mark in Aktien zu stecken.

Bei einer durchschnittlichen Einkommenssteigerung von etwa einem Prozent und einer Nettorendite von etwa 8% können Sie mit 65 Jahren ein Vermögen von über einer Million Mark erwarten.

Die Anlagestrategie

Um das Anlageziel zu erreichen, benötigen Sie die richtige Anlagestrategie. Kernpunkt ist das verfügbare Kapital. Um das Risiko zu mindern, sollten Sie nicht alles Geld in Aktien stecken und zudem einen kleinen Betrag als Bargeldreserve für gute Kaufgelegenheiten halten.

Für den Aktienanteil sollten Sie eine gute Mischung aus risikoärmeren Fonds und Aktien vorsehen. Insgesamt sollte ein gut gemischtes Aktiendepot mindestens 20, besser aber 30 Posten enthalten. Ein einzelner Wert sollte nicht mehr als 5% des Gesamtwerts umfassen, um das Risiko eines unnnötig hohen Verlusts beim Nachgeben eines Einzelwertes zu verringern.

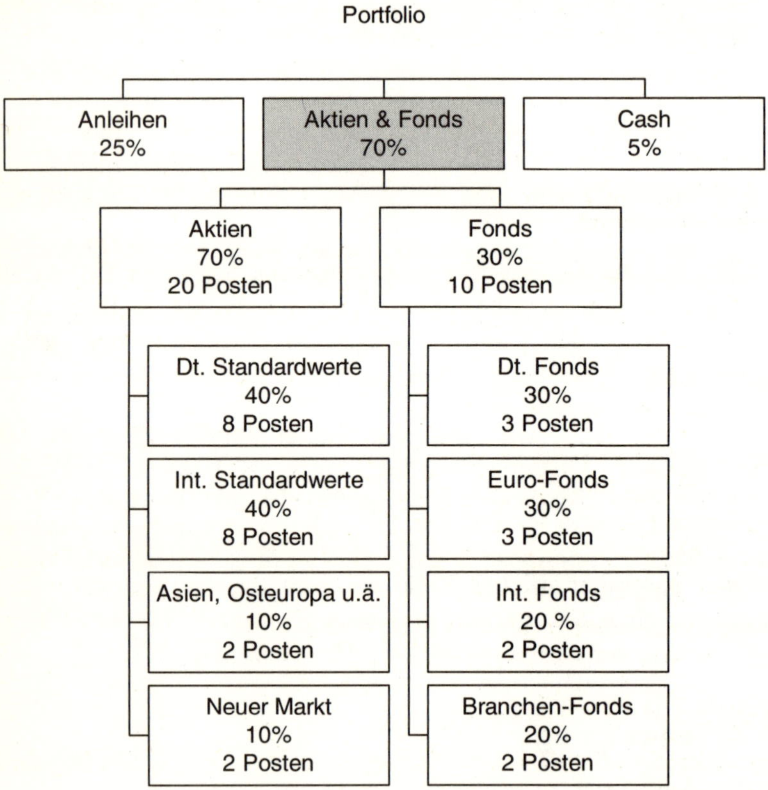

Ein wachstumsorientiertes Portfolio mit hohem Aktienanteil

Bei der Mischung der Aktien gibt im wesentlichen nur drei Strategien:

- Die *wachstumsorientierte Anlagestrategie* hat einen Vermögenszuwachs durch Kursgewinne zum Ziel. Sie besitzt ein relativ höheres Risko als die beiden anderen Strategien, da sie vor allem auf gewinnträchtige Wachstumswerte zum Beispiel im Neuen Markt setzt.
- Die *einkommensorientierte Anlagestrategie* hat einen Vermögenszuwachs durch Auszahlungen zum Ziel. Ein Depot nach dieser Strategie enthält nur wenige Aktien und dabei vor allem solche, die eine hohe Dividende garantieren. Sie besitzt ein relativ geringes Risiko, reduziert aber auch die Chancen auf Kursgewinne.
- Die *ausgeglichene Anlagestrategie* verbindet die beiden anderen Strategien. Idealerweise wird sie umgesetzt, indem die Hälfte des Geldes wachstums- und die andere Hälfte einkommensorientiert investiert wird.

Um eine solche Anlagestrategie umzusetzen, benötigen Sie zu allem Überfluss auch noch eine Strategie für den Aktienerwerb. Falls Sie nicht gerade zu den Lottogewinnern und Millionenerben gehören, werden Sie wohl nur selten mehr als 20.000 Mark auf einmal investieren können und wollen.

Das Einmalinvestment ist eine denkbare Strategie. Doch viel besser ist es, regelmäßig Geld in Anleihen, Fonds und Aktien zu stecken. Das Investmentsparen ist auch in kleinerem Rahmen möglich: Transferien Sie regelmäßig, möglichst sogar jeden Monat, eine gewisse Summe auf das Verrechnungskonto bei Ihrer Depotbank und kaufen Sie mehrmals im Jahr die gewünschten Wertpapiere.

Regeln für die Börse

Ohne überlegte Entscheidungen, die auf ein paar einfachen Regeln beruhen, werden Sie an der Börse sehr leicht Enttäuschungen erleben. Das größte Risiko lässt sich mit den Anfängerregeln problemlos vermeiden.

1. Investieren Sie nur Geld, dass Sie nicht dringend benötigen. Nochmal: Investieren Sie nur „überflüssiges“ Geld. Und zum

Dritten: Investieren Sie bloß kein Geld, dass Sie eigentlich für den Lebensunterhalt benötigen.

2. Investieren Sie nicht mit geliehenem Geld und verleihen Sie kein Geld für ein Investment.
3. Langfristig geht es an der Börse immer aufwärts. Die „coole Strategie“: Aktie kaufen und für 10 Jahre vergessen. Oft erleben Sie dann eine mehr als angenehme Überraschung. Und wenn nicht: Nochmal 10 Jahre warten.
4. Kaufen Sie regelmäßig Aktien. Dadurch erreichen Sie im Laufe der Zeit einen recht günstigen mittleren Einkaufskurs, da Sie sowohl bei hohen als auch niedrigen Kursen kaufen.
5. Keine Panikverkäufe. Aktienkurse können steigen und fallen. Leichtere Abwärtsbewegungen des DAX sollten Sie einfach aussitzen.
6. Keine Panik*käufe*, wenn der Kurs eines Wertes stark gestiegen ist. Das muss nicht so weiter gehen. Nicht unwahrscheinlich ist nach einem starken Anstieg das leichte Absinken des Kurse, da relativ viele frühe Käufer Ihre Aktien verkaufen und die Gewinne mitnehmen.
7. Eine Baisse, also eine längere Phase mit stark sinkenden Kursen ist eigentlich ein Signal für den Kauf einer Aktie - spätestens nach mittlerer Frist geht es wieder aufwärts. Aber: über den Einstieg in einen Wert entscheiden Sie und nicht der Börsenkurs.
8. Eine Hausse mit über längere Zeit steigenden Kursen ist eigentlich ein Signal für den Verkauf - je länger die Hausse dauert, desto höher wird die Wahrscheinlichkeit einer Konsolidierung, also der Kurskorrektur auf einen „mittleren“ Wert. Aber: über den Ausstieg aus einem Wert entscheiden Sie und nicht der Börsenkurs.
9. Informieren Sie sich regelmäßig über Aktienanalysen, Firmenmeldungen und die Kurse der Werte in Ihrem Depot.
10. Vertrauen Sie keinesfalls „Geheimtips“. Meist handelt es sich dabei um den Versuch, den Wert eine Aktie künstlich hochzutreiben.

Außerdem könnte es sich dabei um einen Fall von strafbarem „Insiderwissen“ handeln: Das sind nicht offiziell bekannte Informationen, die Auswirkungen auf den Kurs haben. Wenn die Börsenaufsicht feststellt, dass Sie durch Insiderwissen Gewinne gemacht haben, wird der Staatsanwalt aktiv.

4. Banken und Broker online

Das Internet ist im Bankwesen ein völlig neues Werkzeug. In den nächsten Jahren wird es mehr und mehr die klassische Zweigstelle um die Ecke ersetzen. Da bereits heute die meisten Geldgeschäfte völlig ohne Beteiligung von Bargeld abgewickelt werden, ist es eigentlich unsinnig, wegen einer Überweisung zu einem Bankschalter zugehen und dort ein Formular auszufüllen, das dann ohnehin in ein Computer-System eingegeben wird. Dem Online-Bankuing gehört die Zukunft.

So geht Online-Banking

Online-Banking bedeutet ganz einfach, das Sie zum Beispiel Überweisungen nicht mehr durch Abgeben oder Einsenden eines handschriftlich ausgefüllten Überweisungsvordruckes erledigen, sondern direkt am Computer über das Internet.

Gegenüber den klassischen Form der Kontoführung hat das Online-Banking via Internet eine ganze Reihe an Vorteilen:

- Abbuchungen, Überweisungen, Erledigung von Daueraufträgen und alle anderen Arten von Geldgeschäften sind bequem von zu Hause aus zu erledigen.
- Sie sind nicht mehr an die Geschäftszeiten der Banken gebunden, sondern können Ihre Geldgeschäfte jederzeit erledigen - auch nachts und am Wochenende.
- Sie sind jederzeit über den Kontostand informiert. Falls Sie auf eine Überweisung warten, können Sie das Konto beliebig oft auf Zahlungseingang kontrollieren.

- Sie verpassen keine Zahlungsfristen. Eine termingebundene Überweisung kann auch noch am Abend vor dem Stichtag per PC und Internet erledigt werden.
- Sie sparen Kosten, da viele Banken für Geldgeschäfte über ein solches Direktkonto weniger oder gar keine Gebühren berechnen. Vor allem die meist recht hohen Kosten für das regelmäßige Zuschicken von Kontoauszügen per Post entfällt.

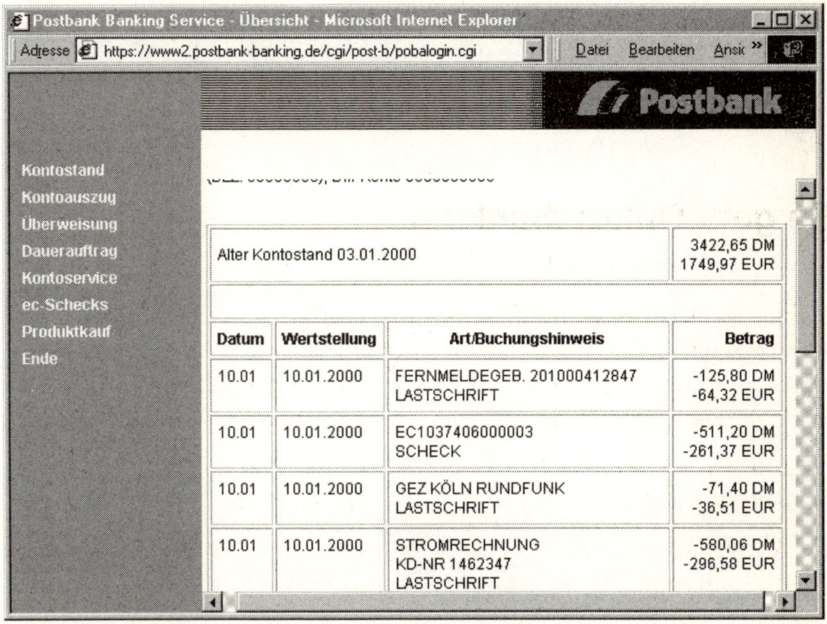

Eine Online-Umsatzübersicht bei der Postbank

Diese Art der Kontoführung ist nur durch einen hohen Sicherheitsstandard möglich: Die Internet-Direktbanken benutzen entweder gesicherte Web-Server oder eine spezielle, mit Verschlüsselung arbeitende Software für den Zugang zum Konto. Nur wenige Banken, vor allem die Direktbanken ohne Kundendienst vor Ort, bieten die Kontoführung über das Internet an. Doch es gibt eine Alternative: Viele Banken oder Sparkassen in Deutschland kennen eine Möglichkeit, mit Hilfe der Telekom-Tochter T-Online und einer von T-Online gelieferten Banking-Software das Konto online zuführen. Sie sollten einfach bei Ihrer Hausbank oder -sparkasse nach den Möglichkeiten zum Online-Zugang über T-Online fragen. Allerdings: Oft vermitteln die Banken den T-Online-Zugang direkt. Bei T-Online gibt es drei wichtige Gebührenmodelle:

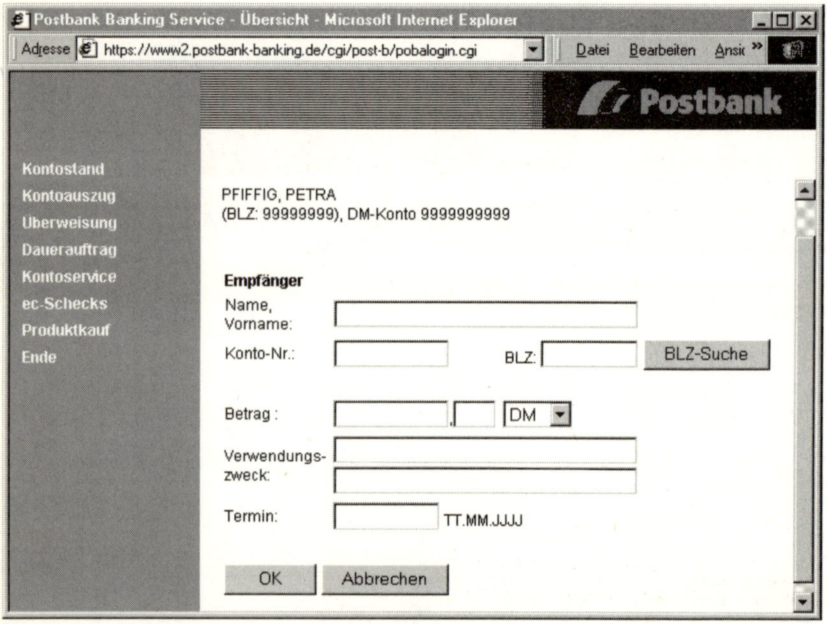

Eine Online-Überweisung bei der Postbank

- *T-Online eco* kostet 8,80 Mark Grundgebühr im Monat. Darin sind zwei Freistunden enthalten. Nach Verbauch der Freistunden kostet jede weitere Minute 5 Pfennig. Darin sind 2 Pfennig Online-Gebühr und 3 Pfennig Netzgebühr enthalten. Wer bei einem anderen Telefondiensteanbieter angemeldet ist, zahlt für den Zugang zu T-Online eine andere Netzgebühr .

  Dieser Zugang ist ideal für Leute, die bei T-Online vorwiegend für Online-Banking nutzen wollen und das Internet über einen Provider besuchen. Wer etwa dreimal die Woche Online-Banking nutzt und die Verbindung zwischen jedem Übertragen von Daten trennt, dürfte mit den beiden Freistunden problemlos auskommen. Als Internet-Zugang können Sie ihn kostengünstig nutzen, wenn Sie bis etwa 9 Stunden im Monat online sind.

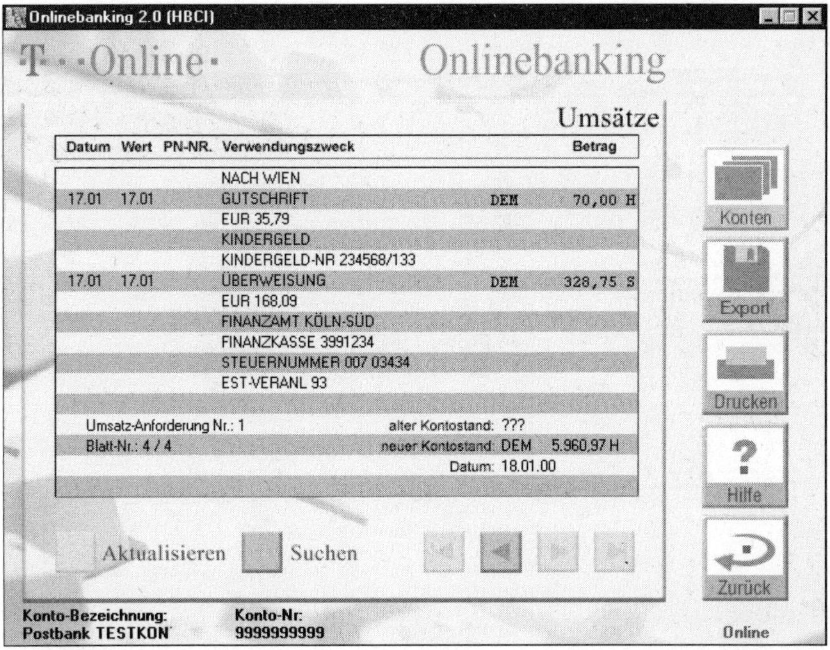

Eine Umsatzübersicht in der Banking-Software von T-Online

- *T-Online pro* kostet 19,90 Mark Grundgebühr im Monat. Bei diesem Tarif fällt die Online-Gebühr weg. Sie zahlen für jede Minute im Internet nur die üblichen 3 Pfennig Netzgebühr zahlen, sofern Sie sich über das Telekomnetz einwählen. Dieser Tarif ist gut geeeignet für Leute, die auch den Internet-Zugang intensiv nutzen wollen. Er ist kostengünstiger als *T-Online eco*, wenn Sie mehr als 9 Stunden pro Monat online sind.

- Der Tarif *T-Online speed* gilt nur in Verbindung mit ISDN und einem speziellen T-DSL-Anschluss, der etwa 12 mal schneller als ein normaler ISDN-Zugang ist. Für den Tarif Speed 50 mit 50 Freistunden zahlen Sie 99 Mark Grundgebühr; für Speed 100 mit 100 Freistunden sind es 149 Mark. Nach Ablauf der Freistunden zahlen Sie 3 Pfennig pro Minute, eine Netzgebühr gibt es bei T-DSL nicht. Dieser Zugang ist nur was für Profinutzer.

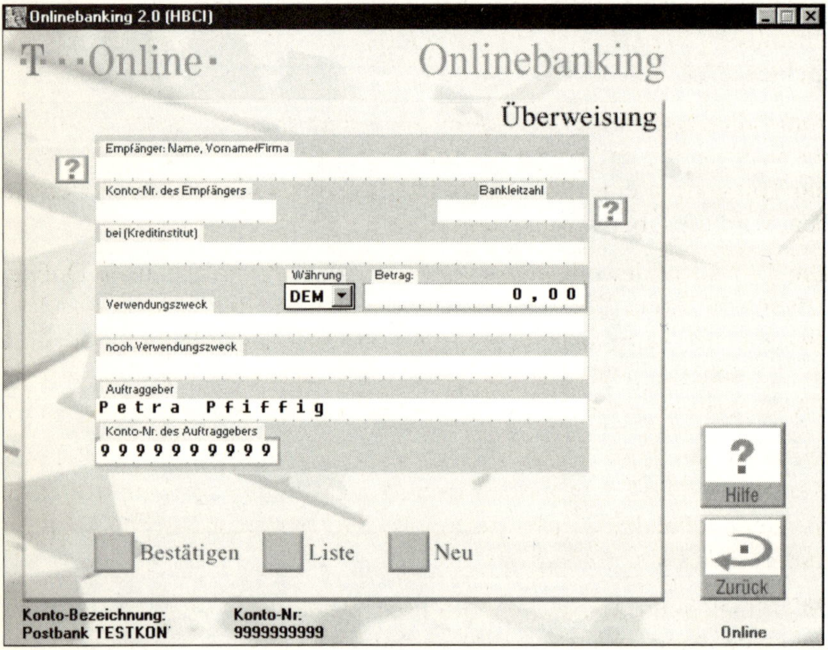

Eine Überweisung in der Banking-Software von T-Online

PIN und TAN

Ob nun über das Internet oder T-Online: Für den Zugang zu einem Online-Konto gibt es ein bewährtes Sicherungsverfahren, das mit drei Kennwörtern arbeitet: Einem Benutzernamen (z. B. die Kundennummer), einem allgemeinen Kennwort und einem speziellen Kennwort für jede Aktion mit dem Konto.

Das allgemeine Kennwort wird oft auch PIN (Personenidentifikationsnummer) genannt. Die einzelnen Kontobewegungen müssen Sie mit einer sogenannten Transaktionsnummer (TAN) bestätigen, die nur für eine Kontobewegung gelten.

Als Beispiel der Vorgang bei einer Überweisung: Sie wählen sich ins Internet ein und verbinden sich mit dem Kontozugang der Bank. Dafür müssen Sie sich mit Hilfe eines Benutzernamens und der PIN anmelden.

Nun füllen Sie online oder in der speziellen Banking-Software die Überweisung aus und bestätigen sie. Der Server der Bank fragt nun für die Transaktion eine TAN ab. Sobald Sie die Nummer eingegeben haben, wird die Überweisung ausgeführt.

Die TANs sind jeweils nur einmal benutzbar. Wenn Sie einen Online-Zugang zu Ihrem Konto anmelden, erhalten Sie eine TAN-Liste. Von dieser Liste „verbrauchen" Sie nun nach und nach alle TANs für Ihre Bankgeschäfte. Sobald der Server feststellt, dass Sie nur noch wenige TANs besitzen, erhalten Sie per Post eine neue Liste zugesandt.

Diese Art der Transaktion ist natürlich nur so sicher wie Ihre PIN (das Kennwort). Die Daten für den Kontozugang sollten also mit derselben Vorsicht behandelt werden wie die Geheimnummer Ihrer EC-Karte - niemand darf sie erfahren.

Allerdings kann jemand, der Ihre PIN kennt, nur dann etwas damit anfangen, wenn er auch wenigstens eine korrekte TAN aus Ihrer Liste kennt.

Das neue Verfahren HBCI

Das PIN/TAN-Verfahren hat jedoch einen Mangel: Als alleiniges Verfahren ist es nicht ausreichend sicher, zumal in einem offenen Netz wie dem Internet. Die Direktbanken ungehen dieses Problem, indem Sie die Datentransaktionen über einen sicheren Server leiten, der die ein- und ausgehenden Daten verschlüsselt. Darüber hinaus benutzen die meisten Banken ein Java-Programm als Benutzeroberfläche, das sich unabhängig von der Web-Seite der Bank mit einem speziellen Banking-Server verbindet und die Daten in einer eigenständigen Verbindung überträgt.

Dieses Verfahren ist jedoch für die Kunden umständlicher als nötig. Aus diesem Grunde hat der Zentrale Kreditausschuss (ZKA) der Banken das sogenannte „HomeBanking Computer Interface“ (HBCI) als Standard deutscher Banken und Sparkassen für elektronische Banktransaktionen über das Internet festgelegt.

HBCI definiert bankentypische Geschäftsvorfälle wie Überweisungen, Kontoabfragen oder das Einrichten von Daueraufträgen. Der einheitliche Datensatzaufbau von HBCI gilt als Plattform der Zukunft für universelles Banking von zu Hause.

Grundlage der neuen Technik ist die Verschlüsselung aller Transaktionen mit kryptographischen Verfahren, die das umständliche PIN/TAN-System überflüssig machen. Der Kunde unterschreibt jede Transaktion mit einem elektronischen Schlüssel.

Die elektronische Unterschrift kann nur mit dem privaten Schlüssel des Kunden erzeugt werden, der auf einer Diskette oder Chipkarte gespeichert ist. Diese erhält der Kunde nach der Kontoeröffnung per Post neben der Geheimnummer für den geschützten Zugriff auf das Konto.

Beim Einloggen ins Banksystem muss der Kunde die Karte im Kartenleser oder die Diskette im Diskettenlaufwerk eingelegt haben. Bei Eingabe der Geheimnummer liest der Bankcomputer die Informationen und prüft, ob der Schlüssel zu der eingegebenen Geheimnummer passt.

In der zweiten Sicherheitsstufe werden die Überweisungsdaten so verschlüsselt, dass sie auf dem Übertragungsweg nicht manipuliert werden können.

Bei dem erwähnten Verschlüsselungsverfahren besitzt jeder Kommunikationspartner ein Schlüsselpaar, das aus einem privaten und einem öffentlichen Schlüssel besteht. Was mit dem einen Schlüssel verschlüsselt wurde, kann nur mit dem jeweils anderen wieder entschlüsselt werden.

Den privaten Schlüssel hält der Teilnehmer geheim (z.B. gespeichert auf einer persönlichen Chipkarte), während der öffentliche für jedermann über vertrauenswürdige Schlüsselverwaltungsstellen (Trust Center) zugänglich ist. Diese Trust Center sind Institutionen, auf denen die Schlüssel hinterlegt und gegen Angriffe gesichert sind.

Die HBCI-Sicherungsverfahren garantieren sicheres Online-Banking über das Internet. Aus Kundensicht gibt es zusätzlich den Vorteil, dass die Formulare sowohl online als auch offline vorbereitet werden können, so dass HBCI auch einfache Bedienung bietet.

Sicherheit

- Sichern Sie Ihren Computer gegen unbefugte Nutzung - zum Beispiel durch einen zuverlässigen Passwortschutz beim Einschalten. Löschen Sie sämtliche vertraulichen Daten, wenn Sie das Gerät zur Reparatur geben müssen.
- Verwahren Sie nach Umstellung auf HBCI Ihre Sicherheitsdiskette oder die Chipkarte genauso sorgfältig wie Bargeld oder Ihre Kreditkarte.
- Auch beim HBCI-Verfahren gilt: Geben Sie Ihre Geheimzahl (PIN) mit jedem Einstieg in Ihr Onlinekonto neu ein und verzichten Sie auf deren Verwaltung durch ein Finanzprogramm. Die PIN wird in diesem Fall auf der Festplatte Ihres Computers gespeichert.
- Achten Sie beim Internet-Banking ohne HBCI auf das Erscheinungsbild der Internet-Seiten Ihrer Bank. Brechen Sie bei Unregelmäßigkeiten oder Störungen die Verbindung sofort ab. Achten Sie darauf, dass die Internet-Adresse der entsprechenden Seite stets mit „https:/“ anfängt.

- Vereinbaren Sie nach Möglichkeit ein tägliches Überweisungslimit mit Ihrer Bank. Dadurch kann, sollte ein Hacker den Code knacken und in Besitz Ihrer Kontoinformationen kommen, Ihr Konto nicht in einem Zuge abgeräumt werden

Direktbanken

Inzwischen gibt es eine große Zahl an Banken, die entweder als Direktbank arbeiten oder als Ergänzung zum sonstigen Angebot auch das Online-Banking über das Internet unterstützen.

Eine Direktbank ist eine ganz normale Geschäftsbank, die allerdings den Kontakt zum Kunden ausschließlich per Telefon, Fax, Brief oder Internet abwickelt. In den letzten Jahren gab es viele Neugründungen von Direktbanken im Internet und einige der Großbanken haben Abteilungen für das Online-Banking im Internet aufgebaut. Diese Banken bieten die gesamte Palette aller Bankgeschäfte an - vom Girokonto über den Sparbrief bis hin zum Wertpapierhandel.

Die Unterscheid bei diesen Banken liegen im Detail - einige bieten zum Beispiel zusätzlich zur Kontoführung auch Direkt-Brokerage im Internet an. Damit können Sie wie bei den spezialisierten Direkt-Brokern Aktien binnen Minuten online kaufen oder verkaufen.

Auf der Aktienwelle schwimmend, haben sich in den letzten Jahren einige „Online-Broker-Häuser" gegründet, die Wertpapiere direkt über das Internet vertreiben. Dabei sind teilweise recht günstige Gebühren möglich. Die Broker-Häuser bieten nicht die gesamte Palette der Bankgeschäfte an, sondern ausschließlich den Wertpapierhandel. Online-Broker haben gegenüber dem klassischen Weg via Anlageberater und Hausbank einige Vorteile:

- Zwischen dem Absenden und der Ausführung eines Auftrags vergehen in der Regel nur wenige Minuten bis etwa eine halbe Stunde. Dadurch können Sie direkt auf Kursbewegungen reagieren.

- Aktienkurse, Pressemeldungen sowie Analysen und Wirtschaftsinfos werden von den Direkt-Brokern regelmäßig aktualisert. Alle Banken und Broker bieten auf jeden Fall Kurslisten an, die etwa 15 Minuten zeitverzögert dargestellt werden. Das heißt: Wenn Sie um 15 Uhr den Kurs einer Aktie abfragen, ist dieser Kurs entweder von 14:45 Uhr oder einem früheren Preisfestsetzungstermin. Als Ergänzung bieten einige Broker auch Echtzeitkurse an, die permanent aktualisiert werden.
- Sowohl die Depotverwaltung als auch die Gebühren und Kosten für Aktiengeschäfte sind bei Online-Brokern deutlich geringer als bei den Wertpapierabteilungen anderer Banken. Für Fonds ist der Ausgabeaufschlag reduziert.
- Einige Online-Broker bieten ergänzenden Service für Wertpapierprofis wie zum Beispiel Optionsscheinhandel, Daytrading (Kaufwen und Verkaufen in Sekundenfrist) oder die Möglichkeit, Wertpapiere an anderen Börsen wie zum Beispiel der NASDAQ in New York zu handeln.

Konto und Depot eröffnen

Online-Konten und -Wertpapierdepots müssen auch im Zeitalter des Internet mit einem handschriftlich unterschriebenen Formular eröffnet werden. Eigentlich ist für die Eröffnung eines Depots sogar die persönliche Anwesenheit erforderlich. Da dies aber der Idee einer Direktbank über das Internet zuwider laufen würde, gibt es eine praktische, aber etwas zeitaufwendige Alternativmethode, die Post-Ident-Verfahren heißt.

Das funktioniert so: Sie fordern von der Bank ein Depoteröffnungspaket an, das aus diversen Broschüren und einem ganzen Stapel Formularen besteht. Wichtig ist neben dem Eröffnungsantrag für das Depot vor allem die Selbstauskunft über Anlageerfahrung und über die beabsichtigte Anlagestrategie. Diese Angaben dienen der Einstufung in Risikoklassen. Achtung: Nur mit Riskoklasse 5 ist die Investition in den Neuen Markt und US-Aktien möglich.

Sie füllen die Formulare aus und gehen damit in ein größeres Postamt. Am Schalter weisen Sie per Unterschrift und Ausweis Ihre Identität nach. Der Postbeamte schickt das Post-Ident-Formular zusammen mit den Formularen an die Direktbank.

Nun heißt es warten. Da die Direktbanken extrem boomen und tausende von neuen Kunden gewinnen, können schon mal zwischen 10 Tagen und drei Wochen vergehen, bevor Sie eine Reaktion der Bank bekommen. Mit getrennter Post erhalten Sie die Bestätigung der Depoteröffnung sowie Listen mit den notwendigen PINs und TANs.

Anschließend kann es losgehen - jedenfalls bis zur nächsten Wartezeit. Bei vielen Direktbanken müssen Sie zunächst das Konto im Internet freischalten und sich eine neue PIN zulegen. Anschließend wird der Kontozugang freigeschaltet, was aber nicht länger als 24 Stunden daueren sollte, sofern Sie nicht gerade Freitags oder am Wochenende den ersten Kontozugriff starten.

Das Verfahren für die Eröffnung eines Wertpapierdepots bei Direktbanken und -brokern ist also ein wenig umständlich und erfordert Zeit. Aus diesem Grunde sollten sie rechtzeitig ein Depot öffnen. Zwischen der Entscheidung und dem ersten Kontozugriff kann inklusive der Postlaufzeiten schon mal ein Monat liegen.

Banken und Broker im Internet

Auf den nun folgenden Seiten finden Sie Links und Hinweise zu den größten Direktbanken und -brokern im Internet. Inzwischen bieten alle großen, im Privatkundengeschäft tätigen Bankhäuser und die meisten Sparkassen und Raiffeisenbanken ebenfalls Online-Banking an. Aus diesem Grunde sollten Sie auf jeden Fall die Konditionen Ihrer Hausbank für das Online-Banking abfragen und mit den hier vorgestellten Konditionen vergleichen.

Direktbank

1822direkt

http://www.1822direkt.com/

1822direkt ist eine Vertriebsgesellschaft der Frankfurter Sparkasse. 1822direkt bietet eine Reihe von Online-Produkten an. Dazu gehören unter anderem verschiedene Giro- und Anlagekonten sowie die Möglichkeit, online Aktien zu ordern und das Depot zu verwalten. Echtzeitkurse gibt es zudem und zwar kostenlos. Auf das Online-Banking kann via Internet oder über T-Online zugegriffen werden. Das Konto kostet 5 DM im Monat und bietet eine Guthabenverzinsung an. Mit im Paket sind eine EC-Karte und maximal zwei Kreditkarten. Das Wertpapierdepot kostet 0,05% vom Depotwert in Euro, mindestens aber 12,78 Euro. Ein besonderer Service für Jüngere: Wer unter 27 ist, zahlt keine Depotgebühren. Die Transaktionspreise liegen im üblichen Rahmen: Zwischen 0,2% und 0,3%, abhängig von der Höhe der Transaktion.

Direktbank

Advance Bank

http://www.advance-bank.de/

Die Advance Bank ist eine Direktbank, die mit der Dresdner Bank zusammenarbeitet. Sie bietet in erster Linie ein kostenloses Girokonto mit Guthabenverzinsung an. Zusätzlich zu den üblichen Bankgeschäften können Sie auch ein Wertpapierdepot mit Hilfe des Online-Zugangs verwalten.

Außerdem bietet die Advance Bank Lebens- und Rentenversicherungen an.Interessant für Geldanlage oder Baufinanzierung ist das umfangreiche Angebot zur Online-Beratung. Unter anderem finden Sie dort Rechnungsprogramme für die Baufinanzierung sowie ein Steuermodul, das bei der Kalkulation der Steuersätze hilft. Online-Brokerage gibt es bei der Advance Bank bisher nicht. Sie können aber online Fonds vergleichen und bestellen.

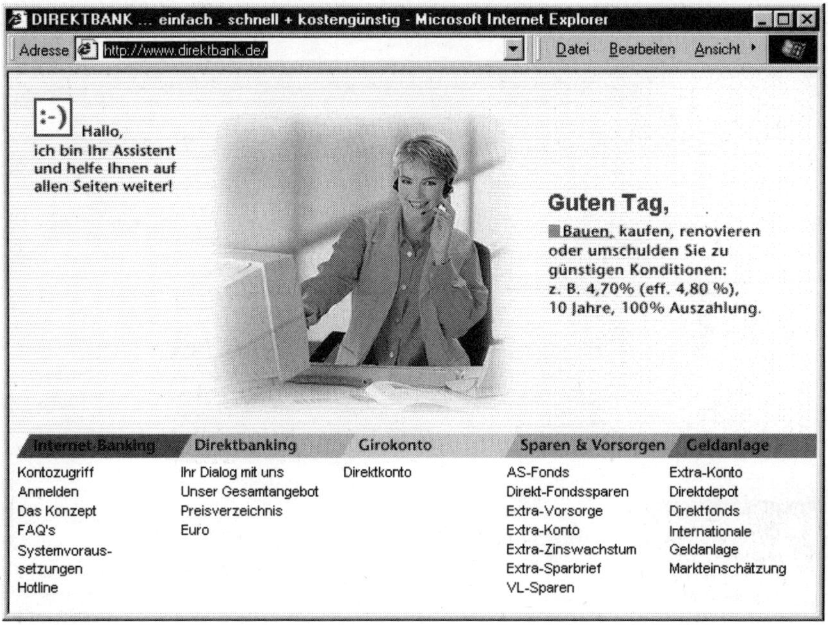

Direktbank

Allgemeine Deutsche Direktbank

http://www.direktbank.de/

Die Allgemeine Deutsche Direktbank ist eine bereits seit 1988 bestehende Direktbank, die neben dem Internet-Zugang auch den Kontozugang via T-Online und per Telefon unterstützt. Die Direktbank bietet für 4 Euro im Monat (7,82 DM) ein Girokonto mit hoher Guthabenverzinsung. Ebenfalls per Internet können Sie einige Investmentfonds ordern und verwalten - leider gibt es noch keine Direkt-Brokerage bei der Direktbank. Die Direktbank bietet zudem verschiedene Sparverträge sowie Kredite und Baufinanzierungen an. Das Wertpapierdepot kostet 0,25% pro Quartal vom Depotwert in Euro, mindestens aber 1,5 Euro. Die Transaktionspreise liegen im üblichen Rahmen: Zwischen 0,15% und 0,35%, abhängig von der Höhe der Transaktion. Zusätzlich wird pro Auftrag ein Grundpreis von 8 Euro berechnet.

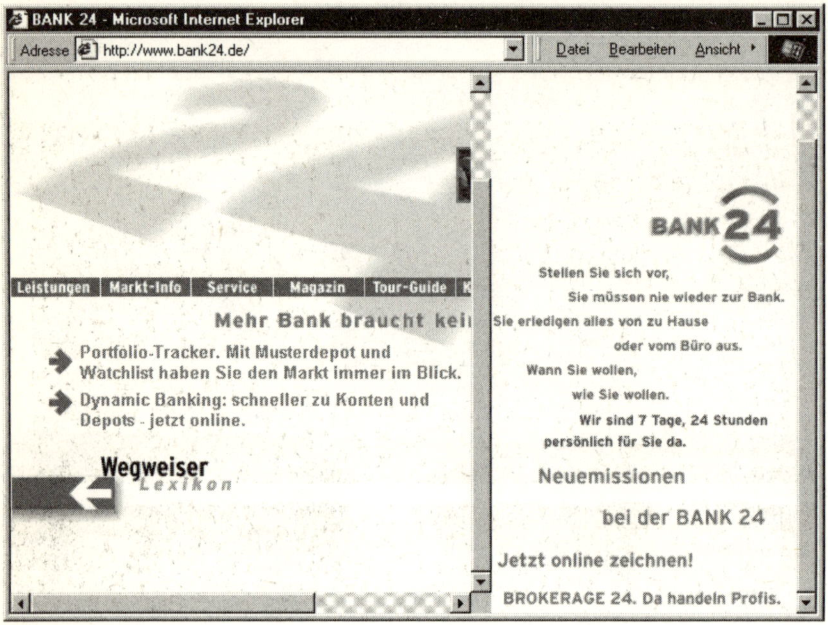

Direktbank

Bank 24

http://www.bank24.de/

Die Bank 24 ist eine Tochter der Deutschen Bank und eine reine Direktbank. Neben verschiedenen Arten von Girokonten bietet die Bank 24 auch Ratenkredite und Sparkonten mit fester Laufzeit an. Auch im Bereich „Online-Brokerage“ ist die Bank 24 aktiv. Die Direkt-Broker-Abteilung ist über *http://www.brokerage24.de/* erreichbar.

Das online nutzbare Girokonto kostet 6 Mark bzw. 3.07 Euro. Direkt-Brokerage kann auch ohne Girokonto genutzt werden. Das Wertpapierdepot kostet mindestens 2,50 Euro, sonst zwischen 0,0075% und 0,01% vom Depotwert im Quartal.

Die Transaktionspreise liegen im üblichen Rahmen: Zwischen 0,07% und 0,3%, abhängig von der Höhe der Transaktion. Zusätzlich wird pro Auftrag ein Grundpreis von 10 Euro berechnet.

Direktbank

Citibank

http://www.citibank.de/

Die Citibank ist weltweit und rund einhundert Staaten präsent. Das Privatkundengeschäft in Deutschland betreibt die Citibank Privatkunden AG mit Hauptsitz in Düsseldorf. Sie bietet online ein kostenfreies Girokonto mit 2% Guthabenverzinsung an. EC- und Visa-Karte sind ebenfalls kostenlos.

Internet-Brokerage bietet die Citibank ebenfalls an. Das Wertpapierdepot ist kostenfrei, eine Transaktion kostet 0,2% vom Kurswert oder mindestens aber 30 Mark.

Ergänzend zu den üblichen Möglichkeiten, Aktien und andere Wertpapier online zu kaufen und zu verkaufen, gibt es auch professionelle „Echtzeit-Brokerage". Dabei nutzen Sie das Handelssystem der Citibank AG in Frankfurt zwischen neun und 22 Uhr.

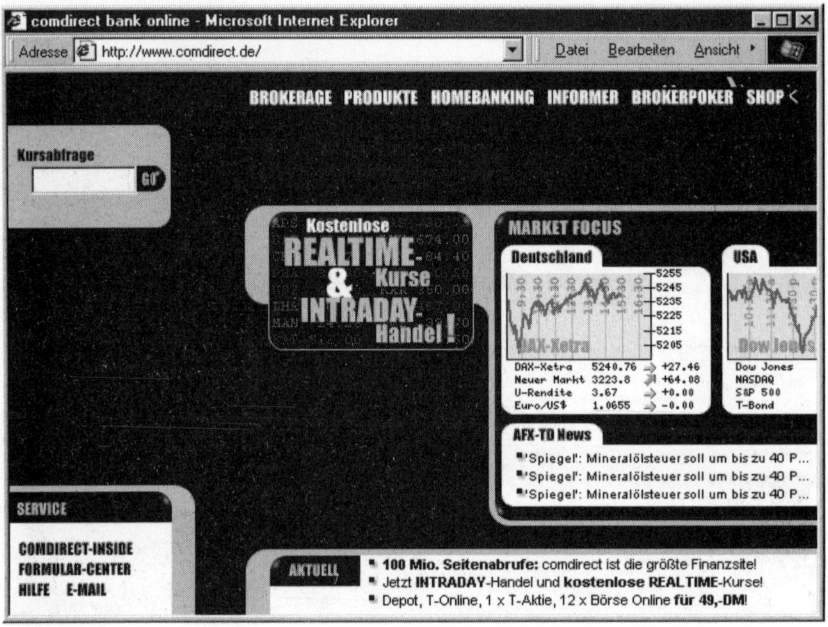

Direktbank

ComDirect Bank

http://www.comdirect.de/

Die ComDirect Bank ist eine Tochtergesellschaft der Commerzbank AG. Neben einem im ersten Jahr kostenfreien Girokonto bietet die Bank Sparkonten mit fester Laufzeit sowie kostengünstige Kreditkartenkonten an. Neben der Führung eines Online-Kontos können Sie auch online Wertpapiere aller Art ordern. Für diese Art des Direkt-Banking bietet die ComDirect Bank relativ hohe Discounts auf die Ausgabeaufschläge an. Als zusätzlichen Kundendienst bietet die Bank unter der Rubrik „Informer" aktuelle Börsendaten aus Deutschland, Europa, USA und einigen anderen Staaten an.

Das Wertpapierdeport kostet mindestestens 23,20 Mark im Jahr, sonst zwischen 0,029% und 0,087% vom Depotwert. Die Transaktionspreise liegen zwischen 0,1% und 0,49% vom Wert.

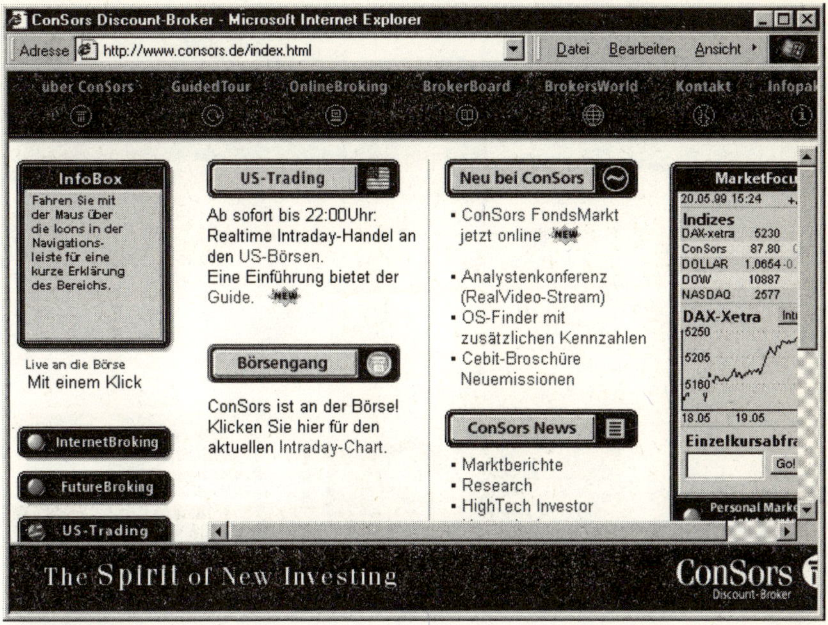

Direkt-Broker

ConSors

http://www.consors.de/

Seit Juni 1994 führte das Privatbankhaus Schmidt das beratungslose Wertpapiergeschäft ein - exakt zugeschnitten auf die Wünsche aktiver Privatanleger. Sie können hier alle Arten von Wertpapieren ordern und in einem kostengünstigen Depot verwalten. Außerdem bietet ConSors kostenlos viertelstündlich aktualisierte Börsenkurse, Realtime-Kurse und ergänzende Informationen. Es ist sogar „Day-Trading“ möglich, bei dem Sie zum Beispiel Aktien morgens kaufen und nach einer Wertsteigerung noch am selben Tag wieder verkaufen. Zum weiteren Service gehören Optionsscheine und Fonds, Handel an Börsen in den USA sowie ein Fonds-Sparplan. Das Depot kostet 0,075% vom Deportwert im Jahr, mindestens aber 25 Mark. Als Transaktionskosten werden zwischen 0,1% und 0,21% vom Kurswert berechnet. Hinzu kommt 12 Mark Gebühr für das Verrechnungskonto.

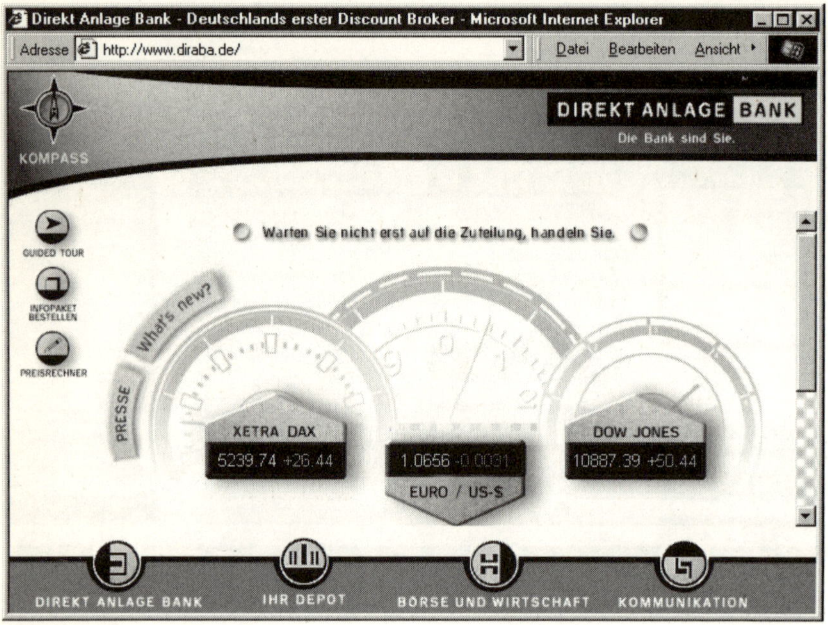

Direkt-Broker

Direktanlagebank AG

http://www.diraba.de/

Die 1994 gegründete Direktanlagebank ist eine reine Brokerage-Bank. Das heißt: Sie können hier kein normales Girokonto führen, sondern lediglich ein kostenloses Kapitalsammelkonto, über das die Geldtransfers zum Kauf von Aktien abgewickelt werden.

Die Direktanlagebank gehören zu den größten Online-Brokerhäusern in Deutschland und bietet die gesamte nationale und internationale Wertpapierpalette an. Wie bei allen Online-Ordern von Wertpapieren bietet auch die Direktbank teilweise recht hohe Discounts auf die Ausgabeaufschläge an. Die Depotgrundgebühr beträgt 1,96 Mark im Monat. Die weiteren Depotkosten sind bei vielen deutschen Standardwerten kostenlos, ansonsten kostet es 1,56 DM pro Aktienposten im Monat. Eine Wertpapierorder kostet 9 Mark.

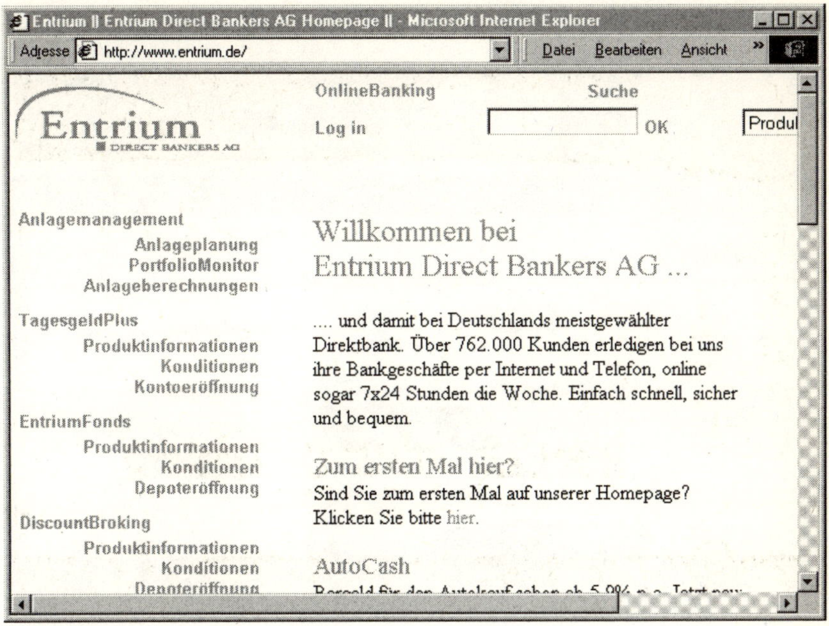

Direktbank

Entrium Direct Bankers

http://www.entrium.de/

Die Entrium Direct Bankers AG ist eine nur im Internet arbeitende Direktbank mit fast 800.000 Kunden. Neben einem kostenfreien Girokonto mit variablem Zinssatz können Sie eine große Zahl an Bankprodukten wie Sparbriefe, Kredite, Aktien und Fonds online ordern.

Bei Investementfonds gibt es eine Besonderheit: Sie können neben zahlreichen Fonds mit reduziertem Ausgabeaufschlag auch einige von Entrium verwaltete Aktienfonds erwerben, bei denen der Augabeaufschlag abhängig von der Investitionssumme bis auf 1% reduziert ist. Die Verwaltung des Wertpapierdepots kostest jährlich 0,075% vom Depotwert jedes Wertpapierpostens, mindestens aber 10 Mark. Die Transaktionskosten betragen zwischen 0,152% und 0,472% vom Kurswert.

Direkt-Broker

FIMATEX

http://www.fimatex.de/

FIMATEX wurde Ende 1995 in Paris gegründet, um Privatanlegern das Handeln an der Börse zu erleichtern. Heute ist die Bank neben Paris in Frankfurt und Hongkong vertreten. Weitere Niederlassungen sind im Entstehen. Hinter FIMATEX steht eine der 20 größten Banken der Welt: die französische Großbank Société Générale.

Der Broker bietet alle an deutschen Börsen notierten Aktien, Renten und Optionsscheine, US-amerikanische Aktien der New York Stock Exchange (NYSE) sowie der Computerbörse NASDAQ und französische Aktien. Außerdem können Sie außerbörsliche Wertpapiere sowie Futures und Optionen erwerben. Das Depot kostet 0,025% vom Deportwert im Quartal. Als Transaktionskosten werden zwischen 0,19% vom Kurswert berechnet, mindestens aber acht Euro.

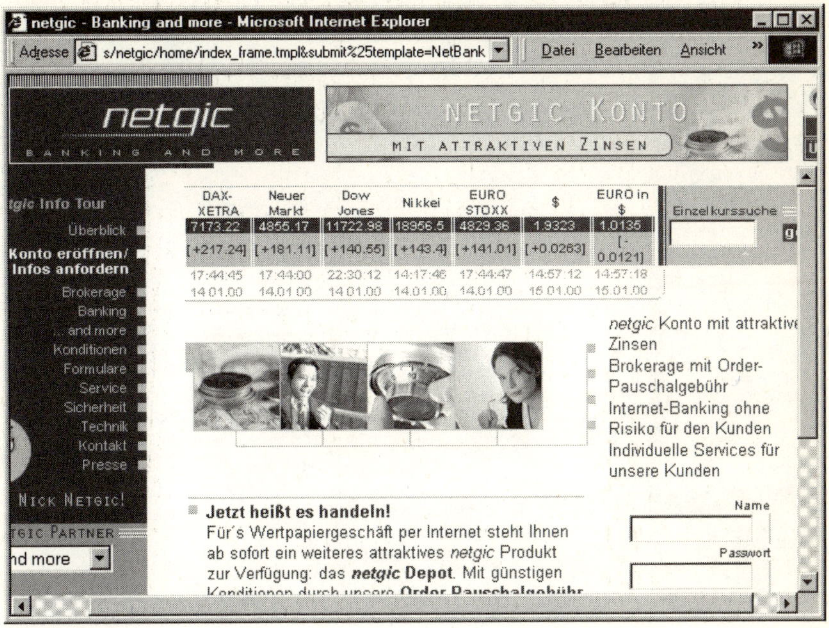

Direktbank

NetBank

https://www.netbank.de/

Die NetBank AG ist eine reine Direktbank und ein Unternehmen der Sparda-Banken. Sie bietet ein kostenloses Girokonto mit Guthabenverzinsung an. Zugleich bekommen Sie eine EC-Karte und eine Kreditkarte. Darüber hinaus bietet die NetBank Sparbriefe und Ratenkredite an.

Bei der Abteilung Online-Brokerage der NetBank ordern Sie alle an deutschen Börsen gehandelten Aktien und festverzinsliche Wertpapiere. Das Wertpapierdeport kostet pauschal und unabhängig vom Deportwert 12,71 Mark im Jahr. Eine Transaktion kostet pauschal 24,45 Mark. Kunden, die das Girokonto als Gehaltskonto nutzen, erhalten Sonderkonditionen, so dass eine Transaktion nur noch 14,67 Mark kostet.

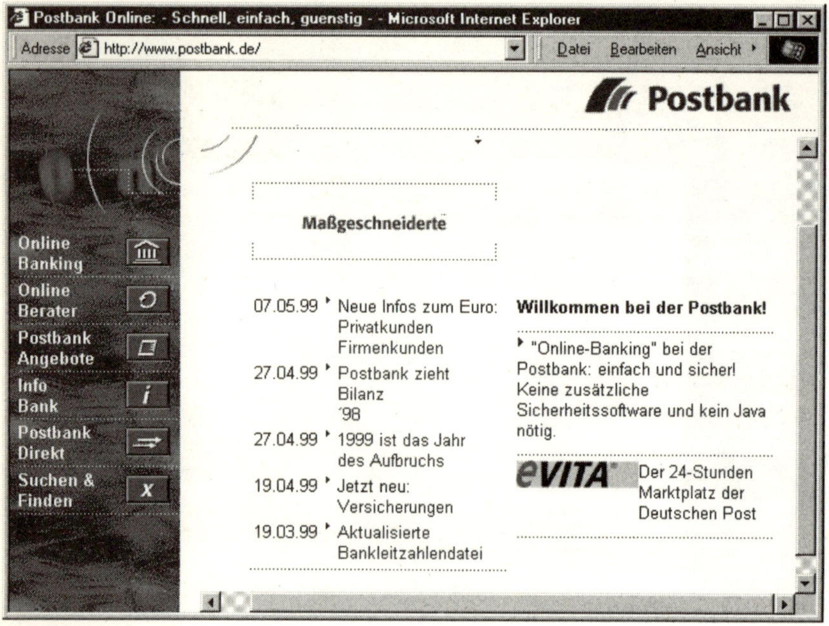

Direktbank

Postbank

http://www.postbank.de/

Die Postbank wird von den meisten Leuten nicht als Direktbank wahrgenommen, doch sie war eigentlich schon seit ihrer Gründung eine Direktbank: Schon immer wickelten Kunden der Postbank Ihre Geschäfte per Briefpost ab. Auch im Online-Banking ist sie bereits ein alter Hase und führte diese Variante der Bankgeschäfte bereits 1983 ein. Das online komfortabel zu verwaltende Girokonto der Postbank ist kostenlos und verfügt über eine kostenlose EC-Karte. Die meisten anderen Produkte der Postbank (Sparkonten, Investments, Kredite) können online nur geordert werden. Darüber hinaus bietet die Postbank eine Reihe von eigenen Investmentfonds an, die etwas günstigere Ausgabeaufschläge als Konkurrenzprodukte haben und zwischen 2,5% und 3% liegen.

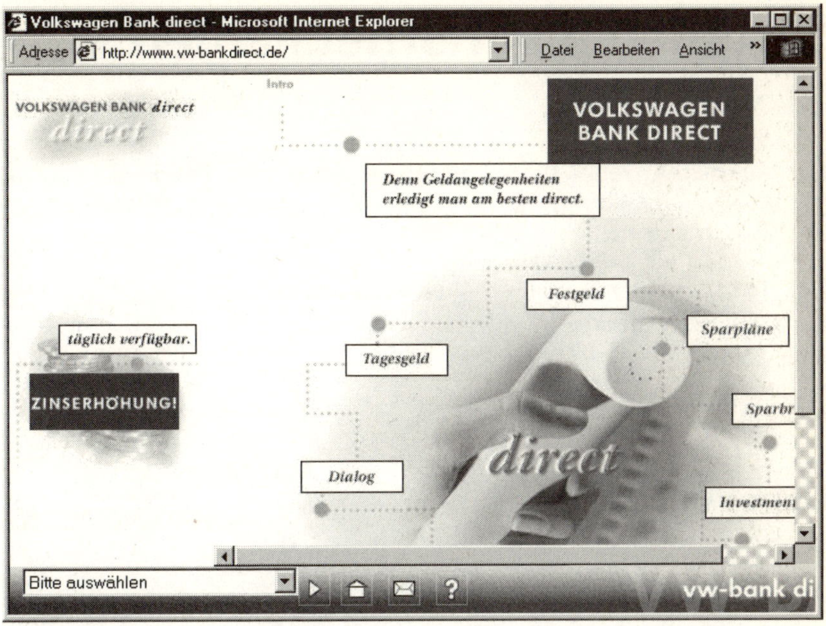

Direktbank

Volkswagenbank Direkt

http://www.vw-bankdirect.de/

Die Volkswagenbank ist den meisten Leuten nur als Leasing- und Hypothekenbankableger des Wolfsburger Autokonzerns bekannt. Doch seit einiger Zeit ist die Bank auch auf dem Direktbankmarkt mit attraktiven Angeboten.

Sie bietet ein kostenloses Tagesgeldkonto, das zwar nicht als erstes Girokonto geeignet ist, dafür aber eine relativ hohe Guthabenverzinsung bietet.

Außerdem bietet die VW-Bank Festgelder, Sparbriefe, Kreditkarten und vermittelt per Telefonbanking Investmentfonds der ADIG-Investmentgesellschaft, die in einem kostenlosen Depot gelaghert werden können.

5. Aktien im Internet kaufen

Das Internet-Angebot Ihres Direktbank oder Ihres Direkt-Brokers ist das Werkzeug der Wahl, wenn es um die Analyse und die Verwaltung von Aktien geht.

Auf den folgenden Seiten erhalten Sie einen knappen Überblick über die Depotverwaltung im Internet sowie über den Erwerb von Neuemissionen.

Depot und Order

Bevor es ernst wird, sollten Sie Ihre Anlageentscheidungen testen und einen „virtuellen" Kauf über einen längeren Zeitpunkt verfolgen. Für dieses Zweck gibt es zahlreiche Depotverwaltungsprogramme - z. B. bei *finanzen.yahoo.de* oder *www.manager-magazin.de*.

Auch Direktbanken und -broker bieten so eine Depotverwaltung an. Sie haben damit keinen Zugriff auf die eigentliche Benutzeroberfläche für das Depot, sondern können mit Hilfe eines nur durch ein einfaches Passwort geschützten Moduls Aktien überwachen.

Die einfacheren Versionen sind eher eine Art Favoritenliste. Das Handelsblatt (*www.handelsblatt.de*) bietet ein recht komfortables, aber leider kostenpflichtiges Depot an, das neben den üblichen Angaben zu den Aktien auch Links zu Firmeninfos, Charts und Neuigkeiten über die im Depot eingetragenen Firmen enthält.

Das Depot ist Teil des kostenpflichtigen Online-Dienstes, der außerdem den Zugriff auf Artikel, Analysen und Firmenprofile ermöglicht.

News	Wertpapier	Typ	Firmen-profil	Kurs-grafik	WKN	Akt. Kurs in Euro	Währung	Veränd. zum Vortag	Volumen	Zeitpunkt d. akt. Kurses	Tages Hoch/Tief in Euro
	DAX				846900	7042.84		-29.28 -0.41%		19.01.00 11:14:15	7067.91 (H) 6987.12 (T)
	CISCO SYSTEMS INC. SHARES O.N.	STK			878841	109.30	EUR	+ 0.81 + 0.75%	2021	19.01.00 10:58:03	109.90 (H) 108.00 (T)
	SIEMENS AG NAMENS-AKTIEN O.N.	STK			723610	131.45	EUR	-1.55 -1.17%	603083	19.01.00 10:59:19	132.20 (H) 129.65 (T)

Anzahl b. Erwerb	Kurs je Stück b. Erwerb in Euro	Gebühren b. Erwerb in Euro	Kaufpreis in Anlagewähr.	Kaufpreis ges. in Euro	Kaufdatum	Gesamtwert in Euro	Gewinn/Verlust in Euro	Wertpapier
								DAX
80	65.701	15.2416	5256	5271.21	19.7.99	8743.92	+ 3472.71	CISCO SYSTEMS INC. SHARES O.N.
60	80.5898	24.7516	4835.4	4860.15	26.8.99	7886.88	+ 3026.73	SIEMENS AG NAMENS-AKTIEN O.N.

Ein Musterdepot mit zwei Aktien

Mit dem Musterdepot üben

Das Musterdepot dient alleine zwei Zwecken: Sie können dort Anlageentscheidungen ausprobieren und die Entwicklung der ausgesuchten oder gekauften Aktien verfolgen.

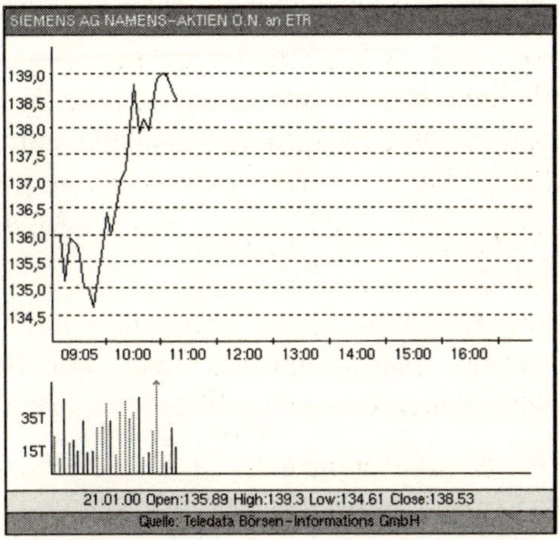

Die morgendliche Entwicklung der Siemens-Aktie und das Handelsvolumen

Ein großer Vorteil gegenüber einer lokalen Lösung mit Hilfe einer Depotverwaltungs-Software: Die Aktualisierung der Börsenkurse geschieht automatisch, Sie müssen keine Kurse eingeben oder importieren. Das Musterdepot ist ein wichtiges Instrument, um Aktienkurse komfortabel zu verfolgen. Die Schlüsselinformationen sind der aktuelle Kurs, das Tageshoch und -tief sowie das Handelsvolumen.

Das Volumen wird im elektronischen Handel (XETRA) in Chargen zu 100 Stück angegeben. 603.083 bedeutet, das etwas mehr als 60 Millionen Aktien umgesetzt wurden. Tageshoch und -tief sind wichtig, um eine Tendenz festzustellen.

Bei vielen Depots können Sie zusätzlich zu den Zahlen auch kleine Intraday-Charts abrufen, die neben der Kursentwicklung das Handelsvolumen als Minibalkendiagramme anzeigen. Grüne Balken bedeuten dabei den Umsatz bei Käufen und rote den Umsatz bei Verkäufen.

Charts mit JavaTrader

Viele Anbieter von Musterdepots und die meisten Direktbanken und -broker bieten zusätzlich zu einfachen Charts für den Browser auch eine Java-Anwendung an, mit denen Sie Charts etwas genauer analysieren können.

Dieses Programm heißt *JavaTrader* und ist eine Gemeinschaftsentwicklung der Firmen „Teledata“ (Lieferung der Kursinfos) und „Innovative Software“ (Programmentwicklung). Es ist in den letzten Jahren eine Art inoffizieller, deutscher Standard für die Analyse von Aktien im Internet geworden.

Ein wichtiger Hinweis: Wenn Sie das Programm aufrufen, werden Java-Objekte übertragen. Dies dauert je nach Anbindung (Modem, ISDN, ADSL) einige Sekunden oder Minuten. Anschließend können Sie mit „Datei / Depot öffnen“ und Benutzernamen sowie Passwort Ihr Musterdepot im JavaTrader anzeigen. Achtung: Diese Funktion gibt es nicht bei allen Versionen. Mit dem Befehl „Darstellung / Chart-Typ einstellen“ können Sie die Art des Charts ändern.

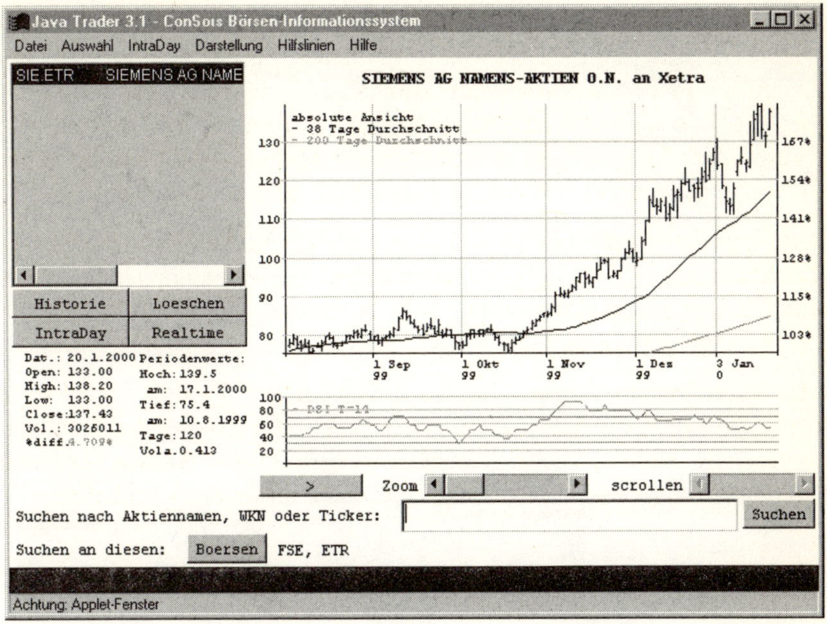

Die Benutzeroberfläche des JavaTrader

Ein *Linechart* zeigt nur die Schlusskurse der einzelnen Handelstage. Im *Barchart* wird für einen Handelstag jeweils der Eröffnung-, der Höchst-, der Tiefst- und der Schlusskurs dargestellt.

Der senkrechte Strich bezeichnet dabei die Spanne von Höchst- und Tiefstkurs. Links wird waagerecht der Eröffnungskurs angezeigt und rechts der Schlusskurs. Ein Barchart zeigt die Kursschwankungen des Handelstages.

Die *Candlesticks* („Kerzen“) stellen ebenfalls alle Kursinformationen dar. Das Rechteck stellt die Spanne von Eröffnungs- und Schlusskurs dar.

Es ist schwarz ausgefüllt, wenn der Schlusskurs unter dem Eröffnungskurs liegt. Liegt der Schlusskurs über dem Eröffnungskurs, wird das Rechteck grau dargestellt.

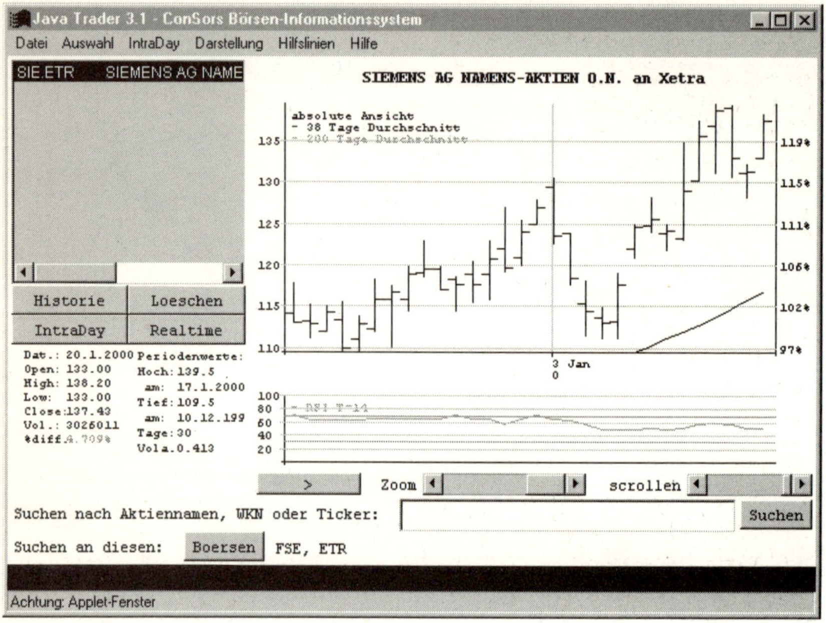

Java Trader mit Barcharts

Das Kerzendiagramm ist übrigens eine recht alte Erfindung: Japanische Händler haben es im 17. Jahrhundert genutzt, um die Entwicklung der Reispreise auf ihren „Reisbörsen“ besser verfolgen zu können.

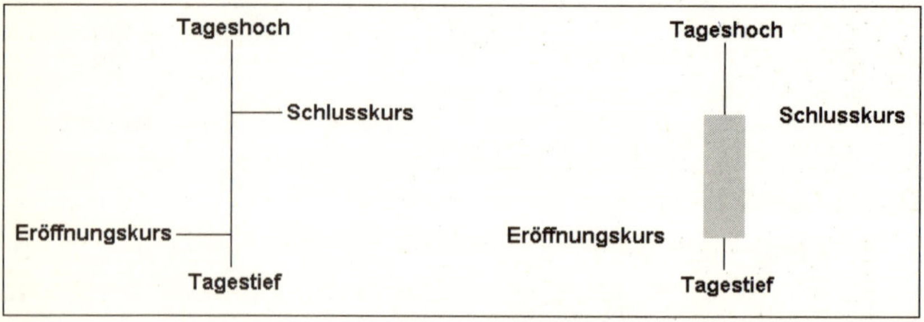

Interpretation eines Bars und eines Candlesticks

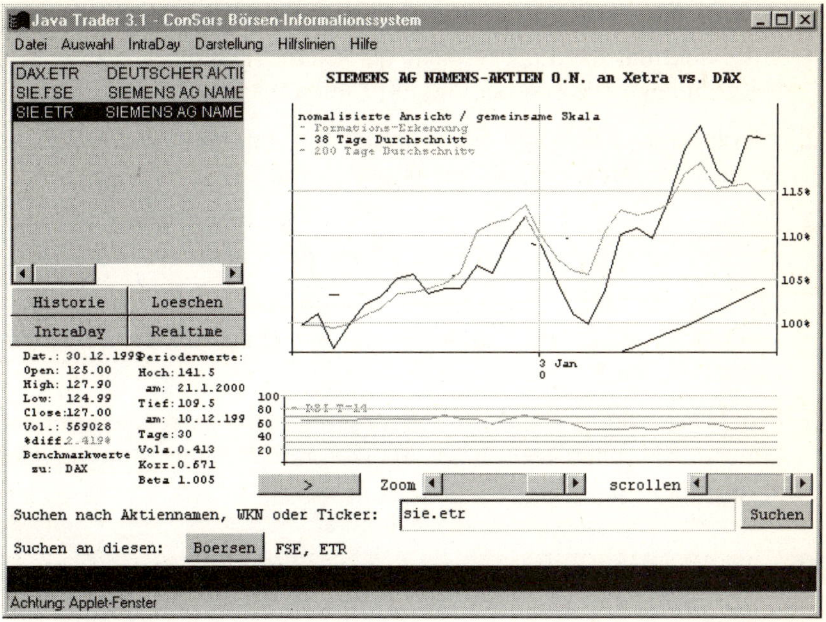

JavaTrader mit dem DAX als Benchmark zur Siemens-Aktie

In der Abbildung sehen Sie den Aufbau von Bars und Candlesticks. Diese Diagrammarten erlauben die grafische Darstellung aller vier Kursangaben, die für eine Interpretation des Kursverlaufs wichtig sind.

Zusätzlich zum Kurs einer Aktie können Sie im JavaTrader auch eine zweite Aktie oder einen Aktienindex wie den DAX als sogenannten „Benchmark“ einblenden. Dafür benutzen Sie den Befehl „Auswahl / Benchmark“. Nun können Sie die zwei Werte vergleichen.

Weitere wichtige Befehle des Programms:

- Mit dem Befehl „Darstellung / Zeitraum einstellen“ können Sie zwischen Charts für 6, 12 und 24 Monaten auswählen. Mit der Bildlaufleiste „Zoom“ können Sie anschließend die Anzeige auf kürzere Zeiträume begrenzen.

- „Darstellung / Formationserkennung einstellen“ aktiviert eine Hilfsfunktion, die Formationen der Chart-Technik wie zum Beispiel Trendkanäle erkennt und mit Linien markiert.
- Durch einen Klick auf die Schaltfläche „Intraday“ laden Sie die Anzeige des Kursverlaufs am aktuellen Tag.
- Durch einen Klick auf die Schaltfläche „Historie“ laden Sie wieder die Anzeige des Kursverlaufs über die Zeit.
- Mit „Darstellung / Indikatoren des oberen Fensters einstellen“ können Sie gleitende Durchschnitte und einige andere Preisindikatoren in den Kursverlauf einblenden.
- Mit „Darstellung / Indikatoren des unteren Fensters einstellen“ können Sie chart-technische Indikatoren für die Analyse des Kursverlaufs einblenden.

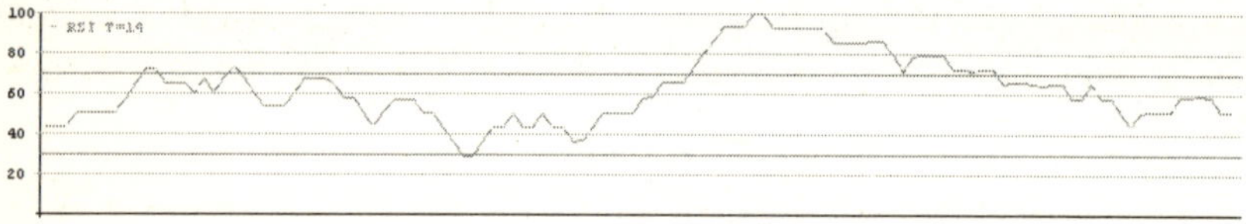

Die Indikatoren des unteren Fensters

Im oberen Fenster können Sie *gleitende Durchschnitte* als Indikator einstellen. Üblich sind 38-Tage-, 100-Tage und 200-Tage-Durchschnitte. Mit „Tagen“ sind Börsentage gemeint, nicht Wochentage. Die Durchschnitte erfassen also zwei, sechs und zwölf Monate.

Für den gleitenden Durchschnitt wird der Durchschnittskurs in der erfassten Periode berechnet - also Addition aller Kurse und Division durch 38, 100 oder 200. Ein gleitender Durchschnitt wird ständig fortgeschrieben, so dass jeden Tag ein neuer Durchschnittswert „hinten“ hinzugefügt wird, während der „vordere“ Wert wegfällt.

Mit gleitenden Durchschnitten können Sie recht gut Trendbrüche erkennen: Wenn die Kurskurve einen gleitenden Durchschnitt von unten schneidet, verwandelt sich eine Abwärts- in eine Aufwärtsbewegung. Für den umgekehrten Fall gilt: Schneidet der Kurs den Durchschitt von oben, geht es abwärts. Bewegt sich der Kurs ständig „über" dem gleitenden Durchschnitt, so haben Sie den angenehmen Fall eines sehr stabilen Aufwärtstrends.

Ein wichtiger Indikator für das untere Fenster ist der RSI, der jeweils als Standard zu einer Aktie angezeigt wird. Der *Relative Strengh Index (RSI)* wird aus den Höchst- und Tiefstkursen innerhalb einer Periode (meist 14 Tage) gebildet. Die Berechnung erfolgt, indem der Durchschnitt der Aufwärts-Schlusskurse der letzten n-Tage in Verhältnis gesetzt wird mit dem Durchschnitt der Abwärts-Schlusskurse der letzten n-Tage.

Der RSI schwankt zwischen 0 und 100 und stellt den Kursverlauf geglättet dar. Ein RSI über 70 deutet auf einen überkauften Markt hin, fällt er unter 30, so deutet der RSI auf einen überverkauften Markt hin. Wird durch den RSI ein gleitender Durchschnitt gelegt, so ergeben sich daraus Kaufsignale, wenn der RSI über dem gleitenden Durchschnitt liegt, und Veraufssignale, wenn der RSI unter dem gleitenden Durchschnitt liegt.

Ein zweiter, ebenfalls für die Interpretation des Kursverlaufs wichtiger Indikator ist das *Momentum*. Zur Berechnung dieses Wertes wird erst der bewegliche Durchschnitt über eine bestimmte Anzahl von Wochen gebildet. Dafür wird aus allen Schlusskursen eines bestimmten Wochentages der Durchschnitt gebildet.

Das Momentum ist der Prozentsatz, um den der aktuelle Preis über oder unter diesem Durchschnitt liegt. Bei JavaTrader schwankt dieser Wert um die Mittelpunktslinie bei 100. Das Momentum misst die Geschwindigkeit bzw. die Kraft einer Kursbewegung. Ein Kaufsignal ist das Schneiden der Mittelpunktslinie von unten nach oben. Ein Verkaufssignal entsteht, wenn die Mittelpunktslinie von oben nach unten geschnitten wird

Der JavaTrader kennt alle wichtigen Indikatoren der Chart-Technik. Sie sollten sich allerdings vor der Arbeit mit Indikatoren ausführlich mit Chart-Technik befassen. Sie können diese im Internet unter der Adresse *http://www.equis.com/free/taaz/* tun. Dort finden Sie ein Online-Buch mit tiefer gehenden Infos. Zwei empfehlenswerte Offline-Bücher zu diesem Thema sind: *Nathan J. Sambul, Der Charttechnik-Leitfaden, Börsenverlag, DM 89,-* und *Johannes Welcker, Technische Aktienanalyse, Verlag Moderne Industrie, DM 98,-*

Die Kauforder

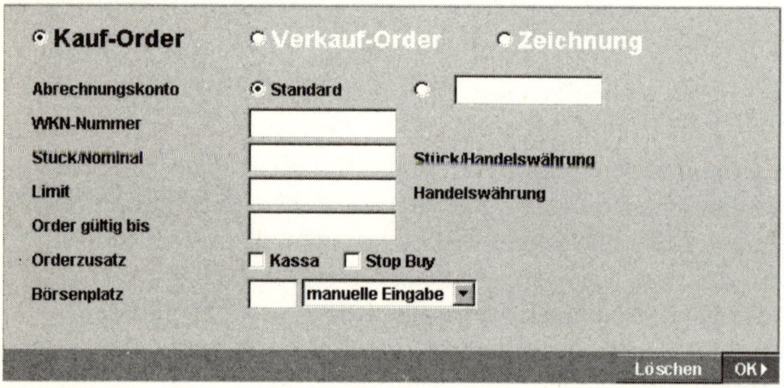

Eine Kauforder

Eine wichtige Angabe für eine Order ist die korrekte Wertpapierkennnummer (WKN). Sie ermöglicht die eindeutige Zuordnung einer Aktie oder eines Optionsscheins und erleichtert die Bearbeitung der Order.

Den Umfang der Order geben Sie entweder in Stück oder in der Handelswährung (Euro oder Dollar) an. Wenn Sie einen Geldbetrag angeben, wird der Auftrag nach dem aktuellen Kurs ausgeführt und Sie erhalten eine auf den nächsten geraden Wert abgerundete Stückzahl an Aktien.

Ein Limit sollten Sie angeben, damit Sie die Aktien nicht zu einem Höchstkurs kaufen. In der Regel können Sie den Schlusskurs des vergangenen Tages als Limit benutzen. Achtung: Wenn der Makler das Limit nicht erzielen kann, wird der Auftrag nicht ausgeführt.

Der Kassakurs ist ein Einheitskurs, der einmal am Tag meist um die Mittagszeit festgelegt wird. Wertpapiere mit größeren Umsätzen oder besonderem Publikumsinteresse werden fortlaufend während der Börsenzeit notiert. Wenn Sie „Kassa" ankreuzen, wird der Kassakurs der Aktie für die Order benutzt.

„Stop Buy" können Sie zusammen mit einem Limit benutzen, um eine Obergrenze für den Kauf anzugeben. Die Order wird nur dann ausgeführt, wenn der Kurs unter dem Limit bleibt.

Eine weitere wichtige Angabe sind die Gültigkeit und der Börsenplatz. Als Ablaufdatum für eine Order dürfen Sie nur Börsentage eingeben, keine Tage an Wochenenden. Der Börsenplatz wird bei den meisten Banken und Brokern komfortabel aus einer Liste ausgewählt. Damit sind die acht Präsenzbörsen und der Elektronische Handel (XETRA) gemeint. Zumeist sollten Sie den XETRA-Markt auswählen.

Die Verkauforder

Eine Verkauforder unterscheidet sich nur in einem Punkt von einer Kauforder: Sie können eine sogenannte „Stop-Loss-Order" angeben. Dies ist ein Verlustbegrenzungsauftrag.

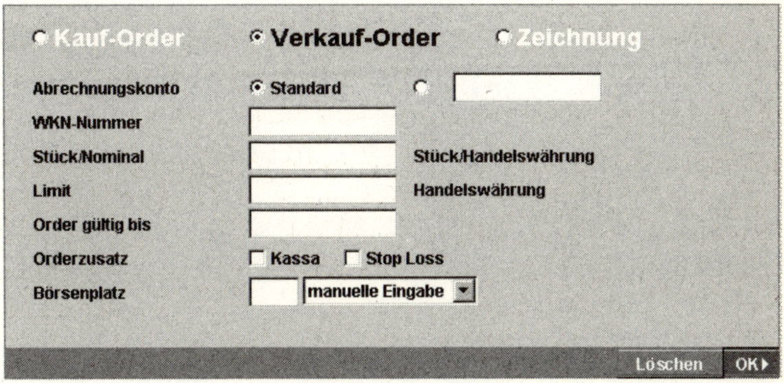

Eine Verkauforder

Um Kursrückschlägen bei Aktien mit einer hohen Schwankungsbreite den Schrecken zu nehmen, können Stop-Loss-Aufträge abgegeben werden. Natürlich sollte der Stop-Loss-Kurs (knapp) unterhalb des zuletzt ermittelten Kurses liegen. Der Verkauf wird dann automatisch ausgeführt, wenn der aktuelle Tageskurs der Aktie den Stop-Loss-Kurs unterschreitet. Je geringer die Differenz zwischen Tageskurs und Stop-Loss-Kurs, desto geringer fällt der eventuelle Verlust aus.

Die Zeichnungsorder

Eine Zeichnungsorder ordert Aktien aus einer Neuemission. Dieser Auftrag wird ohne Zusätze wie „Kassa“ oder „Stop Buy“ abgegeben und auch die Angabe eines Handelplatzes ist überflüssig.

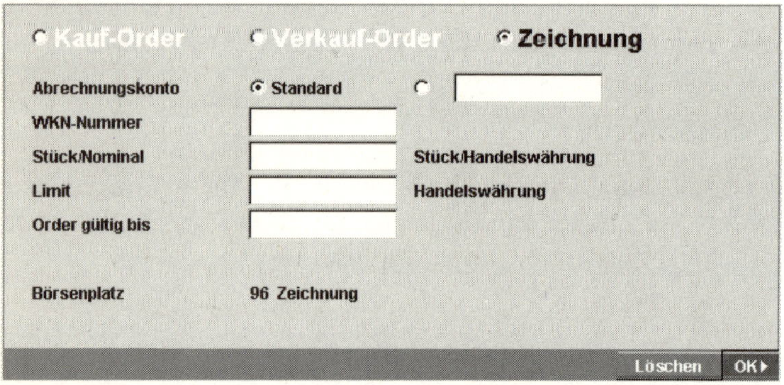

Eine Zeichnungsorder

Neuemissionen

„Initial Public Offering“ oder kurz IPO nennt sich eine Neuemission im Börsen-Jargon. Und Neuemissionen von Aktien vor allem aus dem Bereich der Telekommunikations-, Medien- und Internet-Firmen gehören an deutschen Börsen inzwischen fast zum Alltagsgeschehen.

Wer keine Probleme mit einer eher spekulativen, wachstumsorientierten Anlagestrategie hat, kann an der positiven Entwicklung der immer zahlreicher werdender Aktiengesellschaften teilnehmen: Sie können Aktien vor dem ersten Handelstag zu einem meist sehr günstigen Preis erwerben und dann an Kursgewinnen teilhaben.

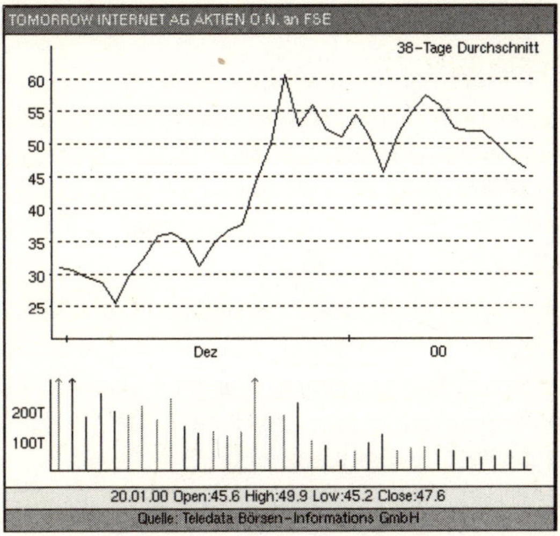

Kursentwicklung nach einer Emission am Neuen Markt

So kommen Aktien an die Börse

Der Auftritt einer noch nicht an der Börse gehandelten Aktiengesellschaft heißt kurz „Neuemission“. Die meisten Aktienemissionen der letzten Jahre geschahen im Neuen Markt, doch auch der amtliche Handel hat 1996 ein gigantisches Emissionsprojekt erlebt - die Deutsche Telekom.

Aktiengesellschaften platzieren Ihre jungen Aktien in Deutschland mit Hilfe eines Konstoriums aus mehreren Banken, die zunächst einen marktnahen Emissionspreis bestimmen, anschließend die Gesamtemission übernehmen und an die Börse bringen.

Um die Aktie reibungslos in den Handel zu schaffen, wird ein sogenanntes „Zeichnungsverfahren“ gestartet: Das Bankenkonsortium und die Aktiengesellschaft bieten Interessenten die Aktien vor dem ersten Handelstag an.

Wer sich als Erstzeichner registrieren lässt, bekommt die Aktien zu einem oft sehr günstigen Preis - bei einem erfolgreichen Börsenstart sind die ersten Handelspreise deutlich über dem Emissionspreis.

Allerdings: Eine Garantie dafür gibt es nicht. Bei Großemissionen wie der Telekom waren kurz- und mittelfristige Kursgewinne zu erwarten. Doch für viele kleinere Firmen mit einem eher geringen Aktienvolumen läuft die Entwicklung so wechselhaft wie in der Abbildung. Die Tomorrow-Aktien kosteten einem Erstzeichner 22 Euro. Am ersten Handelstag lag der Preis bei 31 Euro.

Der Kursgewinn von etwa 40% verführte natürlich viele der Erstzeichner, die Aktien zu verkaufen. Erwartungsgemäß sank der Kurs bis knapp über den Emissionspreis. Wer jetzt „seiner" Firma vertraute und abwartete, konnte sich eine goldene Nase verdienen und Mitte Dezember fast 200% Gewinn einstreichen.

Dem Diagramm können Sie entnehmen, dass genau dies auch viele Aktionäre machten - der Kurs sank wieder auf ein mittleres Niveau. Die positive Entwicklung und der sinkende Kurs machten nun einen Kauf der Aktie wieder interessant.

Der Kurs stieg mit einiger Verzögerung und unterbrochen durch weitere „Gewinnmitnahmen" bis Ende des Jahres 1999. Anschließend ging es dann wieder ruckweise abwärts, vermutlich weil einige ausdauernde Aktienbesitzer Ihre Gewinne realisieren wollten.

Immerhin hat die Aktie ihren Erstzeichnern und den Käufern in der Tiefphase, die sie jetzt noch besitzen, einen Gewinn von maximal 100% beschert. Doch die weitere Entwicklung ist unklar und hängt sowohl von den Leistungen der Firma als auch von den Erwartungen der Anleger und der Kunden der Firma ab.

Merke: Nicht jede Neuemission ist ein Erfolg. Es gab auch grandiose Flops, bei denen der Handelpreis des ersten Tages *unter* dem Emissionspreis lag oder ihn kurze Zeit nach der spekulativen Euphorie untertroffen hat.

Der Weg zu neuen Aktien

Doch auf ein Problem bei Neuemissionen möchte ich direkt hinweisen: Sie müssen erst einmal an junge Aktien herankommen. Um Aktien zu zeichnen, müssen Sie sich mit der Zahl der gewünschten Aktien bei Ihrer Depotbank melden.

Die reicht den Zeichnungsauftrag an das emittierende Bankenkonsortium weiter und das wiederum teilt Ihnen die Aktien zu. So weit die Theorie. In der Praxis haben Sie auf diese Weise keine Chance:

Die meisten Neuemissionen sind „überzeichnet" - teilweise sogar mehrfach. Aus diesem Grunde werden die Aktien nach einem bestimmten Schlüssel verteilt.

Kleinanleger haben hierbei meist geringere Chancen, es sei denn, gigantische Emissionen wie bei der Telekom und ein spezielles Kleinanlegerprogramm geben ihnen zumindest eine hohe Wahrscheinlichkeit auf eine Zuteilung.

Kunden eines der Häuser aus dem Bankenkonsortium haben in aller Regel größere Chancen als Kunden einer anderen, dort nicht vertretenen Bank.

Außerdem gibt es eine Reihe von virtuellen Emissionshäusern im Internet, die sich der Verteilung von jungen Aktien für den Neuen Markt verschrieben haben.

Sie zielen vor allem auf Kleinanleger, die als Kunde bei einem solchen Emissionshaus etwas höhere Chancen haben. Kurz und gut: Wenn Sie Aktien zum Emissionspreis haben wollen, gibt es drei Möglichkeiten, die Chancen auf Zuteilung zu vergrößern:

- Öffnen Sie ein Depot bei einer der Banken aus dem Emissionskonsortium. Das kostet natürlich Gebühren, die hoffentlich durch Kursgewinne aufgefangen werden.

  Ein Transfer der Aktien von diesem Depot zu Ihrem Hauptdepot ist kein Problem. Sie können also (gegen Gebühr) die Aktien kurze Zeit nach dem Kauf zentral verwalten.

- Registrieren Sie sich bei einem der virtuellen Emissionshäuser, die später detailliert vorgestellt werden. Diese Institute führen keine Depots, Sie können sich also bei Bedarf bei allen Häusern registrieren - zugeteilte Aktien werden Ihrem Depot gutgeschrieben.

  Aber Vorsicht: Manchmal kommt es zu einem Zeitloch zwischen Zuteilung und Gutschrift. Falls da der Handel schon begonnen hat, können Sie nicht über die Aktien verfügen.

- Treten Sie mit der Firma in Kontakt, indem Sie zum Beispiel Kunde werden, und halten Sie nach einem Kleinanlegerprogramm Ausschau.

  Ein Beispiel: Die „Tomorrow Internet AG", die die Internet-Aktivitäten des Fit-For-Fun-Verlags „Milchstraße" bündelt, bevorzugte Tomorrow-Abonennten bei der Zuteilung, sofern sie sich bei dem virtuellen Emmissionshaus im Konsortium registrierten.

Emissionshäuser

Inzwischen gibt es viele Emissionshäuser im Internet, die an vielen, aber beileibe nicht allen Neuemissionen der letzten Jahre beteiligt waren.

Vor allem bei Emissionen in den Neuen Markt sind diese Emissionshäuser eine sinnvolle Alternative zu einer Bank: Sie erhalten dort die neuen Aktien mit einer höheren Wahrscheinlichkeit als bei den meisten Banken oder Direkt-Brokern.

Investoren, die direkt an der NASDAQ Neuemissionen erwerben wollen, sollten sich bei einem US-Emissionshaus registrieren. Auf den nächsten Seiten finden Sie neben den wichtigen deutschen Emissionshäusern auch zwei große US-amerikanische Emissions- und Investmentbanken, die auch Nicht-US-Bürger mit Wohnsitz im Ausland aufnehmen.

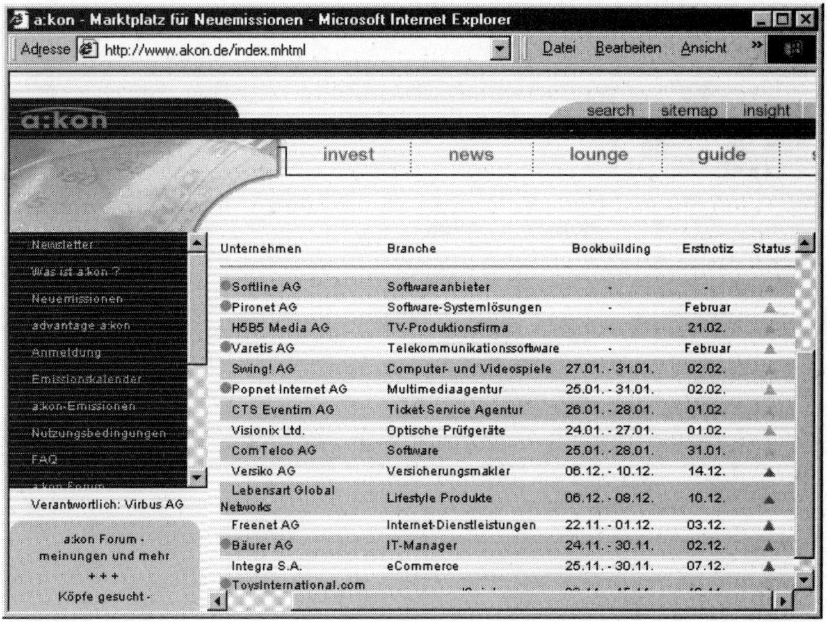

Emissionshaus

A:kon

http://www.akon.de/

Das Emmissionshaus „A:kon“ ist eine Tochter Landesbank Sachsen. „A:kon“ arbeitet mit einigen Partnerbanken zusammen. Sofern eine dieser Banken einem Emissionskonsortium angehört, können Mitglieder von „A:kon“ die entsprechende Neuemission direkt zeichnen. Die Mitgliedsgebühren betragen 30 Euro pro Jahr. Die Mitgliedschaft kann jeweils mit einer Frist von drei Monaten zum Ende des Mitgliedsjahres schriftlich gekündigt werden. Sie müssen sich online registrieren, eine Einzugsermächtigung erteilen und per Post-Ident-Verfahren wie bei einer Direktbank eine Feststellung der Identität vornehmen lassen. Voraussetzung für die Mitgliedschaft sind neben der deutschen Staatsbügerschaft ein Konto und ein Wertpapierdepot bei einer deutschen Bank.

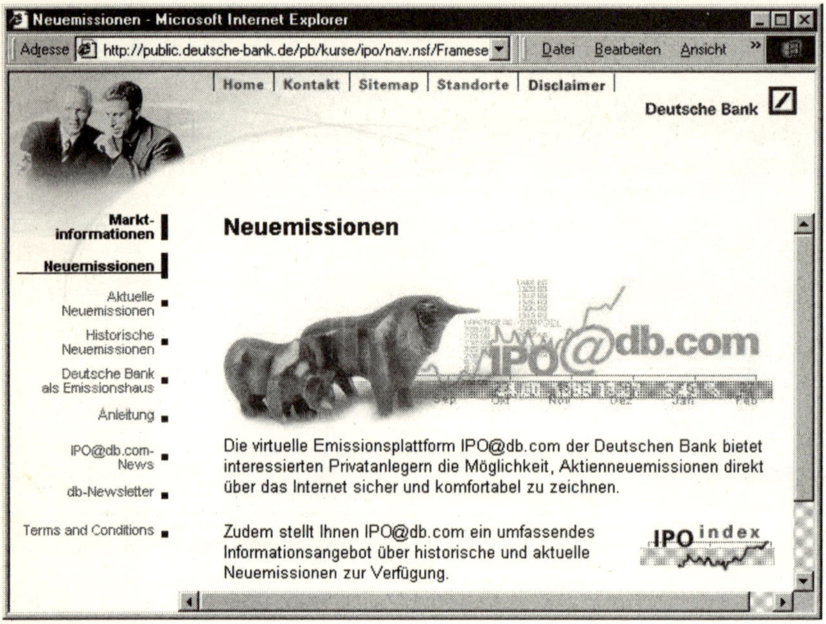

Emissionshaus

Emissionen der Deutschen Bank

http://www.deutsche-bank.de/IPO

Die virtuelle Emissionsplattform IPO@db.com der Deutschen Bank bietet interessierten Privatanlegern die Möglichkeit, Aktienneuemissionen direkt über das Internet sicher und komfortabel zu zeichnen. Um Neuemissionen zeichnen zu können, benötigen Sie auf jeden Fall eine Konto- und Depotverbindung bei der Deutschen Bank oder der Bank 24.

Wichtig: Unter *www.db-news.com* können Sie ein Mail-Newsletter abonnieren, dass Sie regelmäßig über anstehende Neuemissionen informiert, bei der die Deutsche Bank im Emiussionskonsortium vertreten ist. Die beste Möglichkeit, Aktien zu zeichnen, ist der Direktbrokerdienst der Bank 24, den Sie unter *www.brokerage24.de* erreichen.

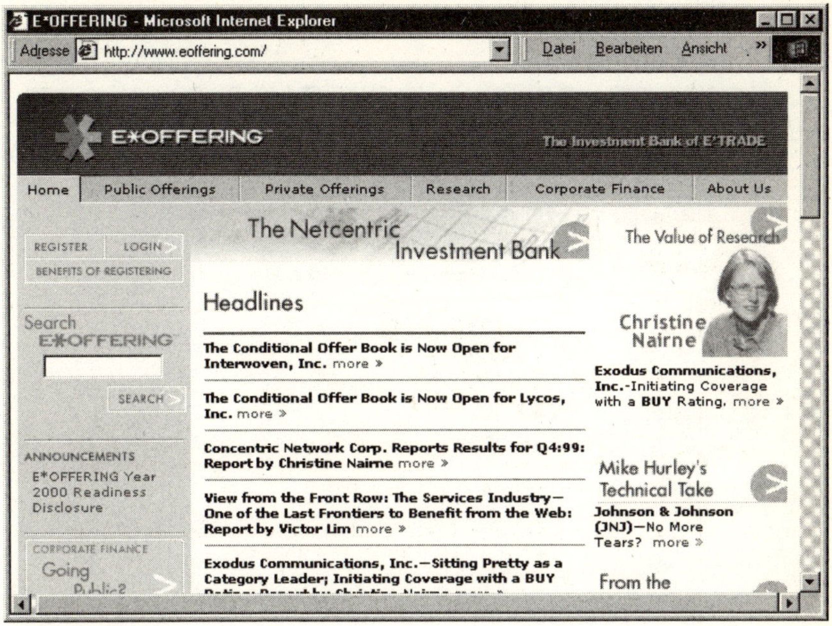

Emissionshaus

E*Offering

http://www.eoffering.com/

E*Offering ist eine US-amerikanische Investmentbank, die Börsengänge organisiert. Für die Zeichnung von Neuemissionen benötigen Sie ein Wertpapierdepot und ein Verrechnungskonto bei dem US-Online-Broker E*Trade, das Sie unter *http://www.etrade.com/* erhalten. Das Konto muss zunächst mit mindestens 1.000 Dollar Guthaben gefüllt werden, damit Sie das Depot nutzen können. Erst dann können Sie eine Online-Mitgliedschaft bei E*Offering beantragen.

E*Trade ermöglicht auch Nicht-US-Einwohnern das Öffnen eines Depots. Anschließend können Sie die Vorteile von E*Offering nutzen: Bis zu 50% der durch das Emissionkonsortium verteilten Aktien gehen an E*Trade-Kunden.

Information

more-IPO

http://more-ipo.de/

Der Webanbieter „more-IPO“ bezeichnet sich selbst das Internet-Portal für Neuemissionen von Aktien. Das Portal ist Ergebnis eines Joint-Ventures zwischen der more-de AG (Finanzdienste im Internet und E-Commerce) und der WEB.de AG (deutscher Internet-Katalog.) „more-IPO“ ist kein Emissionshaus. Sie finden hier Informationen zu den ausstehenden Neuemissionen an allen deutschen Börsen.

„more-IPO“ bietet Informationen zu den Neuemissionen bis hin zu Researchberichten unabhängiger Analysten und Informationsdiensten. Die Datenbank enthält alle Neuemissionen und deren wichtigsten Daten. Der Anbieter arbeitet mit dem Börseninformationsdienst „Instock“ zuzusammen. Die aktuellen Nachrichten zum Thema Neuemissionen können Sie auch als Newsletter via E-Mail erhalten.

Emissionshaus

Net.IPO AG

http://www.netipo.de/

Die Net.IPO AG ist ein Emissionshaus, die als Konsortialbank Aktien im Rahmen von Neuemissionen übernimmt und sie Privatanlegern anbietet. Um neue Aktien zeichnen zu können, müssen sie erst Mitglied werden. Es gibt zwei kostenlose Mitgliedschaften: Bei „Classic Membership“ werde Sie über IPOs auf dem laufenden gehalten, können aber nicht zeichnen. Diese Mitgliedschaft können Sie direkt online beantragen. Für eine „Executive Membership“ wird eine schriftliche Selbstauskunft sowie eine Identitätsfeststellung nach dem PostIdent-Verfahren benötigt. Nur so erhalten Sie einen Account, mit dem Sie zeichnen können. Sie erhalten eine digitale Signatur, mit der Sie den Order „unterschreiben“. Achtung: Sie müssen mindestens fünf Werktage Zeit einplanen, da der Account erst nach Eingang der Selbstauskunft frei geschaltet werden kann.

Emissionshaus

Virtuelles Emissionshaus GmbH

http://www.going-public.de/

Das Virtuelle Emissionshaus gibt Privatleuten wesentlich bessere Chancen auf eine Zuteilung als herkömmliche Emissionsverfahren. Zur Zeit werden die Zuteilungen nach dem Losverfahren vergeben.

Sie melden sich als Kunde an und senden oder faxen eine Einzugsermächtigung zusammen mit einer Kopie des Personalausweises. Anschließend bekommen Sie eine IPO-Lizenz, mit der Sie Emissionen per Mausklick zeichnen können. Diese Lizenz ist kostenlos. Lediglich im Falle einer Zuteilung wird eine Provision von 12 Euro berechnet. Das Virtuelle Emissionshaus liefert die Wertpapiere elektronisch an die Depotbank aus, von der Sie auch die Bestätigung der Einbuchung bekommen. Die Bezahlung der Wertpapiere erfolgt automatisch per Lastschriftverfahren von Ihrem Girokonto.

Emissionshaus

WebStock AG

http://www.webstock.de/

Die WebStock AG ist ein Emissionshaus, dass als technische Handelsplattform für den außerbörslichen Handel arbeitet. Es widmet sich vor allem kleinen, mittelständischen Technologieunternehmen, die einen Börsengang erst in Zukunft planen, aber trotzdem auf der Suche nach Privatinvestoren sind. Die Handelsplattform funktioniert wie eine Minibörse, da alle Preisgebote öffentlich zugänglich sind. Sie können bei WebStock Aktien erwerben sowie verkaufen. Bei Emissionen über Webstock vermittelt die Plattform lediglich zwischen Investor und Aktiengesellschaft. Die Aktien können nicht in einem Bankdepot registriert werden. An dieser Stelle eine wichtige Warnung: Bei dem Angebot von WebStock handelt es sich um einen außerbörslichen Aktienhandel, der wesentlich risikoreicher ist als ein Engagement im Neuen Markt.

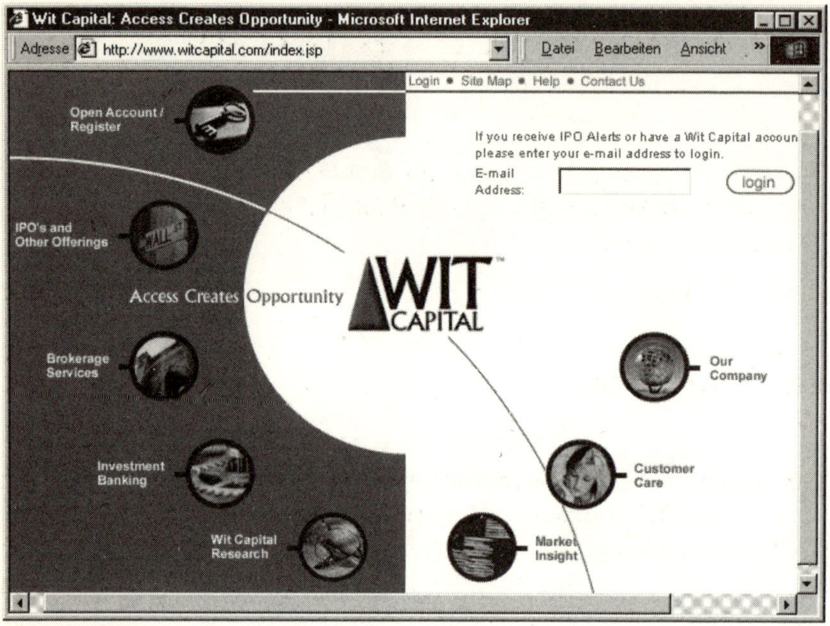

Emissionshaus

Wit Capital

http://www.witcapital.com/

Wit Capital ist ein US-amerikanisches Emissionshaus, das bereits seit 1996 besteht und ausschließlich über das Internet arbeitet. Es arbeitet zumeist mit den Konsortialführern Stanley Morgan, Goldman Sachs und Merill Lynch zusammen und bietet die emittierten Aktien ausschiesslich über das Internet an.

Sie müssen erst Mitglied werden, um neue Aktien zeichnen zu können. Dies ist aber auch für Deutsche möglich. Dafür müssen Sie sich per Mail an das Emissionshaus wenden und erhalten die Anmeldungsformulare per Post. Nach dem Ausfüllen müssen Sie sie zusammen mit einem Scheck für die Gebühren in die USA senden. Für diesen Prozess sollten Sie auf jeden Fall mindestens zwei Wochen einplanen - leider ist die Postlaufzeit hier das größte Problem.

6. Finanzlinks im Internet

Das Internet ist eine Fundgrube für den Geldanleger: Sie finden hier einführende Informationen zur Geldanlage, Aktienkurse, Firmenanalysen und vieles mehr.

Verzeichnisse

Wer im Internet etwas sucht, der beginnt meist bei einem der großen Suchsysteme wie Infoseek, Altavista oder Fireball. Doch die Eingabe des Wortes „Aktienkurse" sorgt für eine nangenehme Überrraschung: Sie bekommen den Beginn einer Liste mit tausenden von Seiten zu diesem Begriff angezeigt. Das kann es also nicht sein.

Der beste Weg zu einem einigermaßen umfassenden Überblick über Geldanlage und Wirtschaft im Web sind Spezialkataloge oder Link-Verzeichnisse, von denen es inzwischen einige sehr gute gibt. Sie werden auf den folgenden Seiten kurz in Wort und Bild vorgestellt

Börsenlinks Deutschland und USA

http://www.boersenlinks.de/

Das Web-Angebot „boersenlinks.de" ist eine sehr umfangreiche Sammlung aus Links zum Thema „Geldanlage und Börse". Es widmet sich vor allem Finanzseiten in Deutschland und den USA. Die Links sind übersichtlich nach Kategorien geordmnet.

Außerdem gibt es sowohl für Deutschland als auch für die USA eine nach Kategorien geordnete Liste mit den Top-Sites aus dem World Wide Web. Sie finden hier auf einen Blick die wichtigsten Web-Angebote, die Sie schnell zu den gewünschten Informationen und Produkten führen.

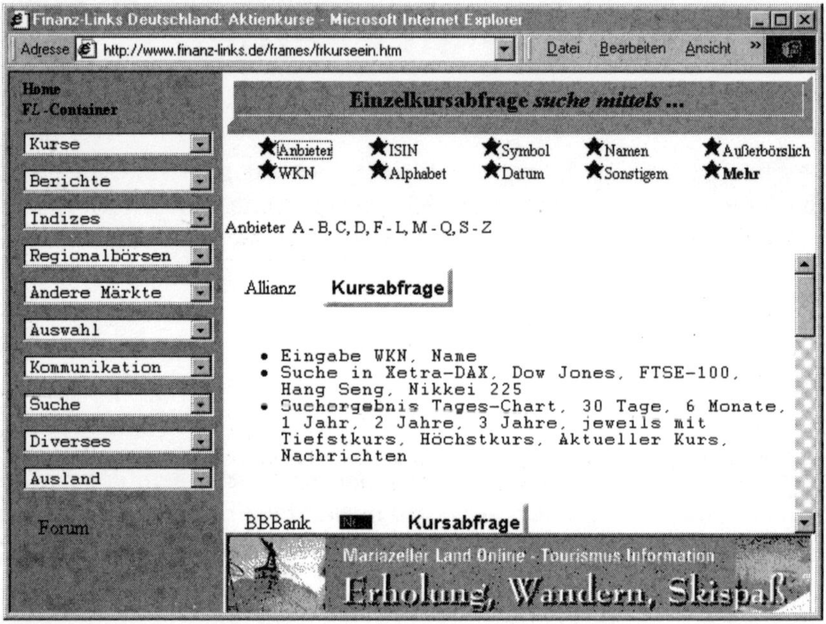

Verzeichnis

Finanz-Links Deutschland

http://www.finanz-links.de/

Nutzer des Internet und Kunden des Online-Dienstes CompuServe werden in dieser Linksammlung problemlos fündig. Das Web-Angebot „Finanz-Links Deutschland“ sortiert alle Web-Adressen in ein Kategorienschema, das links auf der Hauptseite in Auswahllisten angeordnet ist. Wenn Sie zu einem Unterbegriff verzweigen wollen, müssen Sie den Abwärtspfeil neben der entsprechenden Liste anklicken und den Begriff auswählen - also zum Beispiel „Aktien“ in der Liste „Kurse“ oder „Chats“ bei „Kommunikation“. Wenn die entsprechende Link-Sammlung im Browser erscheint, können Sie noch weitere Navigationselemente nutzen, die Sie zu Untergruppen auf der Seite führt. Ein Beispiel: Nach Auswahl von „Berichte / Aktien“ haben Sie unter anderem die Wahl zwischen „Marktanalysen, „Neuemissionen“ und „Neuer Markt.“

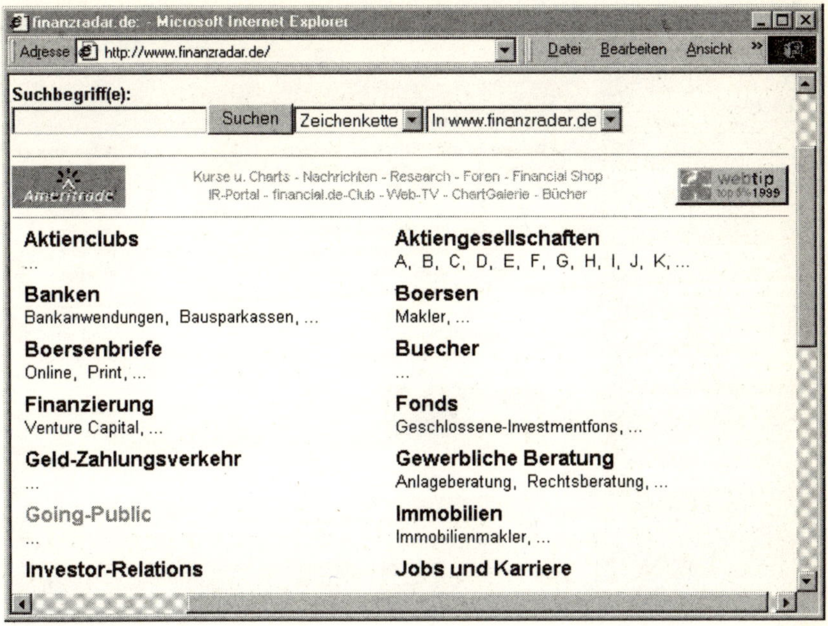

Verzeichnis

Finanz-Radar

http://www.finanzradar.de/

Das Finanz-Radar ist ein recht vollständiger Web-Katalog zu allen Themen rund um Wirtschaft und Geldanlage. Im Unterschied zu den „Finanz-Links Deutschland" gibt es auch eine Suchzeile am Beginn jeder Seite.

Die Bedienung ist recht einfach: Geben Sie einen oder mehrere Suchbegriffe ein und klicken Sie auf „Suchen". Aus der Liste hinter diesem Schalter können Sie die Suche verfeinern. Bei Wahl von „Zeichenkette" finden Sie nur Seiten, die den vollständigen Suchbegriff in der eingegebenen Schreibweise und Reihenfolge enthalten. Wenn Sie mehrere Suchbegriffe eingeben und den Eintrag „UND" wählen, bekommen Sie alle Seiten, die alle Begriffe enthalten. Bei „ODER" erhalten Sie Seiten, die zumindest einen der Begriffe aufweisen.

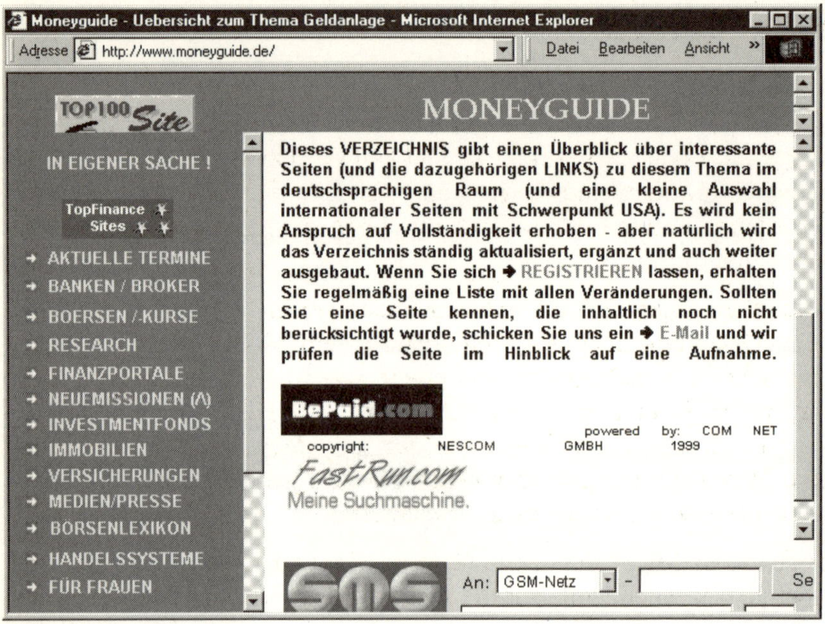

Verzeichnis

MoneyGuide

http://www.moneyguide.de/

Der MoneyGuide gibt einen Überblick über interessante Seiten und die dazugehörigen Links zum Thema aus den Bereichen Geld, Geldanlage, Börse, Banken, Immobilien und Versicherungen im deutschsprachigen Raum und eine kleine Auswahl internationaler Seiten mit Schwerpunkt USA. Er stammt von einem Anbieter aus Österreich und verzweigt auch auf österreichische und schweizer Web-Seiten.

Das Angebot des MoneyGuide richtet sich vor allem an Einsteiger. Sie werden hier nicht mit einer riesigen Menge an Links erschlagen, sondern bekommen zu den einzelnen inhaltlichen Kategorien nur wirklich wichtige Web-Angebote präsentiert. Die gesammelten Links auf Finanzangebote führen zu den wichtigsten Dienstleistern und Informationsanbietern im World Wide Web.

Einführungen

Vor der Investition steht die Information - und zwar ganz grundlegend über verschiedenen Formen der Geldanlage. Ohne ein wenigstens allgemeines Hintergrundwissen über die Unterschiede zwischen verschiedenen Formen des Investments können Sie keine sinnvolle Entscheidung treffen.

Außerdem sehen sich die meisten Einsteiger in die Wertpapier-Szene beim Lesen einschlägiger Meldungen einem Mischmasch aus traditionsreichen Finanzbegriffen und einem supermodischen, anglifizierten Neusprech gegenüber. Da ist Aufklärung notwendig - und die können Sie auch im Internet erhalten. Aus den folgenden Seiten werden einige gute Informationsangebote vorgestellt, die Einsteigern in die Börsenszene die ersten Hürden etwas erleichtern.

Doch leider reicht das nicht für eine sinnvolle Anlageentscheidung. Auch dieses Buch stellt nur die absoluten Grundlagen vor. Sie sollten sich weder auf diese Zeilen noch auf die vorgestellten Internet-Seiten verlassen und andere Infos ebenso nutzen. Forschen Sie bei Amazon (*http://www.amazon.de/*) oder anderen Online-Buchhändler nach Büchern zum Thema Geldanlage. Glücklicherweise werden zumindest die bekannteren und erfolgreicheren Werke ausführlich vorgestellt. Außerdem finden Sie zu vielen Büchern auch ein oder mehrere Leserrezensionen, die den Informationswert des Buches einzuschätzen helfen.

Eine weitere Informationsquelle für Anfänger in der Börsenwelt sind Volkshochschulen, die in einigen Städten interessante und von Anlageprofis geleitete Einführungskurse geben. Ähnliche Seminarangebote machen auch Banken, Sparkassen, Finanzdienstleister oder einige Aktienvereine. Doch Vorsicht: Wenn die Geldanlage mit Geldausgabe beginnt, sollten Sie die Kursangebote besonders kritisch begutachten. Dasselbe gilt für Versprechen, in einer bestimmten Frist Millionär zu sein - der Anbieter solcher Dinge ist es zwar, aber meist nicht durch die Börse, sondern eher durch den Vermarktungserfolg der Seminare.

Anlegerwissen

Anlegerinformationen

http://www.kapitalonline.de/

Dieses Web-Angebot richtet sich an Leute, die sich erst noch über die verschiedenen Möglichkeiten der Geldanlage informieren möchten. Sie finden hier das Neueste aus der Welt der Finanzen, Steuer und Kapitalanlagemöglichkeiten sowie Auskünfte über alle Bankgeschäfte und über Investmentfonds.

Besonders interessant sind die „Expert-Kurse". In knapp gehaltenen Informationstexten - unter anderem auch über den Euro - werden Sie für die Finanzwelt fitgemacht. Die „Expert-Kurse" sind etwa drei bis vier Din-A4-Seiten lang und können in weniger als 10 Minuten durchgelesen werden. Danach sind Sie informiert genug, um mit Freunden, Bekannten und sogar dem Kundenberater Ihrer Bank über alle Themen aus der Welt des Geldes diskutieren zu können.

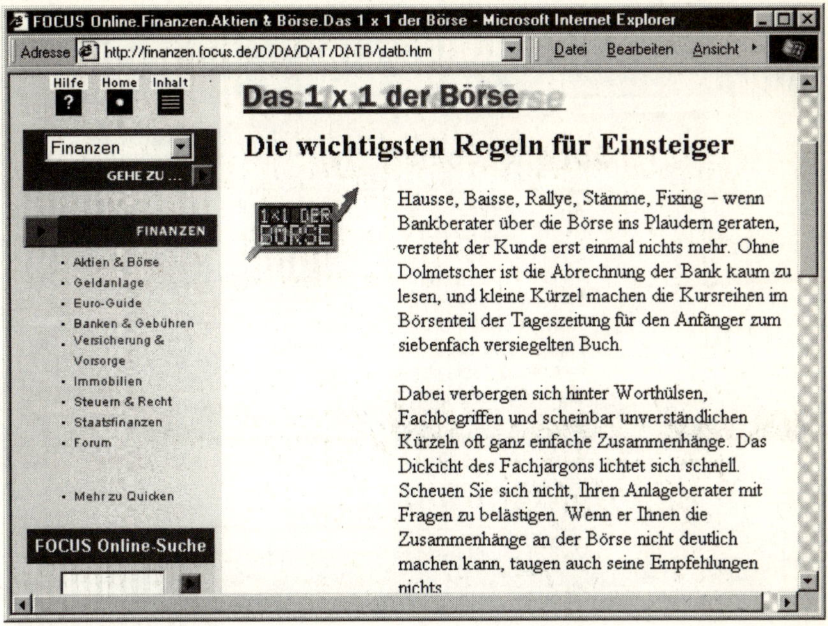

Anlegerwissen

Das 1 x 1 der Börse

http://finanzen.focus.de/D/DA/DAA/DAA40/daa40.htm

Alle grundlegenden Informationen finden Sie in Form von einführenden Artikeln beim Magazin Focus. Das 1x1 der Börse informiert Sie über Bankgebühren, Depotmischungen, Informationssuche, Lesen von Kursinfos und gibt viele Tips und Tricks für erfolgreiche Anleger. Es ist kein Börsen- oder Finanzlexikon, sondern besteht aus einer Reihe von kurzen und langen Artikeln zum Thema. Ein besonderes Augenmerk sollten Sie auf den Artikel „20 Tips für den Erfolg an der Börse" richten. Sie finden dort in Kurzform wichtige Verhaltenregeln für Aktieneinsteiger. In den weiteren Artikeln geht es unter anderem um die richtige Strategie zur Risikostreuung, die Frage nach dem Wert eines Unternehmens und Tips zum frühzeitigen Erkennen eines Trends.

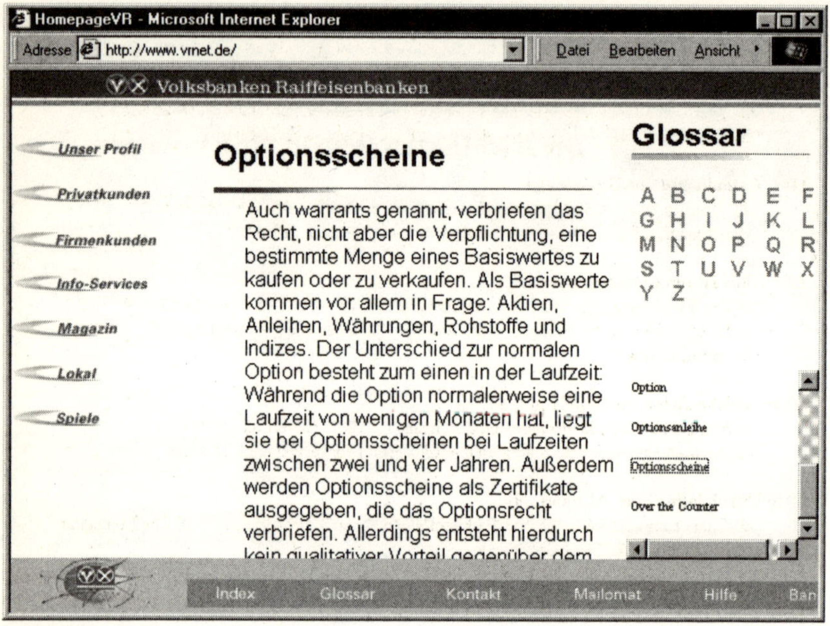

Anlegerwissen

Glossar zum Thema Finanzen

http://www.vrnet.de/

Das Web-Angebot der Volksbanken und Raiffeisenbanken präsentiert unter der Rubrik „Glossar" ein ausführliches und leicht verständliches Lexikon zu allen Fachbegriffen aus dem Finanzbereich.

Sie bekommen hier teilweise recht ausführliche Informationen zu Begriffen aus den Themengebieten Investmentfonds, Aktien und Optionsscheinen.

Das Lexikon ist gut gestaltet und einfach zu bedienen. Allerdings ist es sicher notwendig, sich ein wenig mit diesem Lexikon zu beschäftigen, um einen guten Überblick über das Thema Geldanlage zu bekommen. Empfehlenswert ist es, die wichtigen Begriffe lokal zu speichern und dann gesammelt auszudrucken.

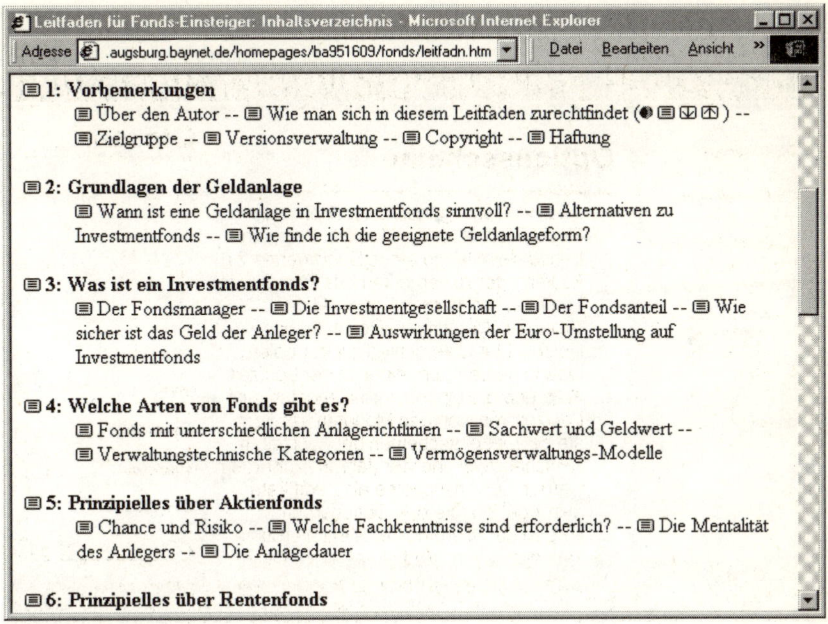

Anlegerwissen

Leitfaden für Fonds-Einsteiger

http://www.augsburg.baynet.de/homepages/ba951609/

Der „Leitfaden für Fonds-Einsteiger“ wendet sich in erster Linie an Fonds-Einsteiger, die bei diesem Thema noch unerfahren sind. Deswegen werden in diesem Leitfaden keinerlei Grundkenntnisse vorausgesetzt. Das Thema wird durch viele konkrete Beispiele mit realen Zahlen anschaulich beschrieben.

Thematisch geht es unter anderem um die verschiedenen Arten von Fonds und die Organisationsstruktur einer Fonds-Gesellschaft. Großem Raum widmet der Autor der Auswahl und dem Kauf von Fonds-Anteilen. Dabei finden Sie auch Vergleichrechnungen von Paketkäufen und Spärplänen. Ergänzend dazu stellt der Autor auch kurz Alternativen zu Fonds vor - Aktien, Anleihen und Bundeswertpapiere.

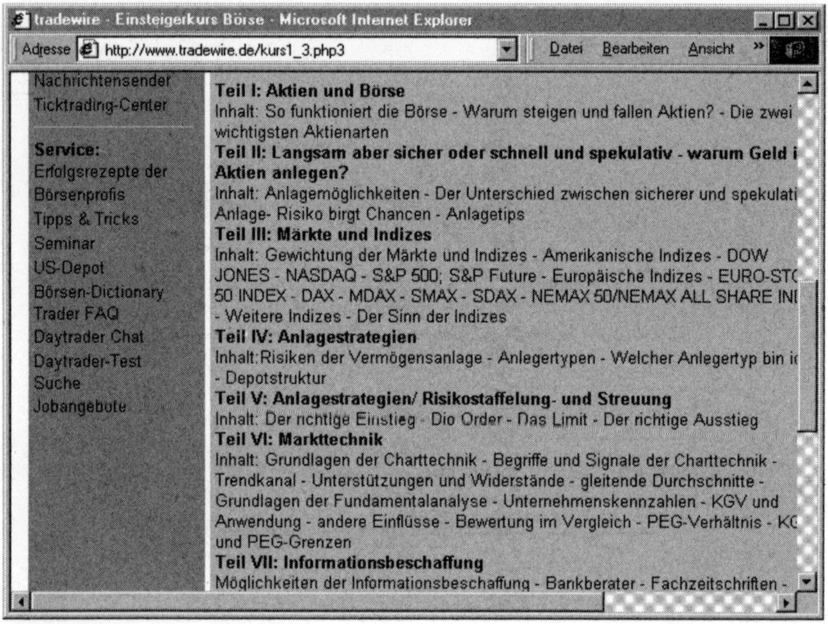

Anlegerwissen

Leitfaden für Aktieneinsteiger

http://www.tradewire.de/

Der „Leitfaden für Aktieneinsteiger“ finden sich in einem Web-Angebot, das sich eigentlich an Daytrading-Profis richtet. Da der Server leider manchmal etwas überlastet ist, hier direkt die Adresse einer Spiegelkopie: *http://de.biz.yahoo.com/d/i/index.html.*

Dieser Leitfaden ist ein knapper, aber recht vollständiger Überblick über alle Aspekte der Geldanlage in Aktien und der Vorgänge an einer Wertpapierbörse. Unteranderem geht es um Anlagestrategien, Risikostreuung, Chart-Technik, Fundamentalanalyse und Informationsbeschaffung. Außerdem finden Sie hier die „Die 10 Gebote für den erfolgreichen Einsteiger“ und einige interessante Artikel zu den Anlagestrategien und „Erfolgsrezepten“ von Börsenprofis wie George Soros, André Kostolany und Warren Buffet .

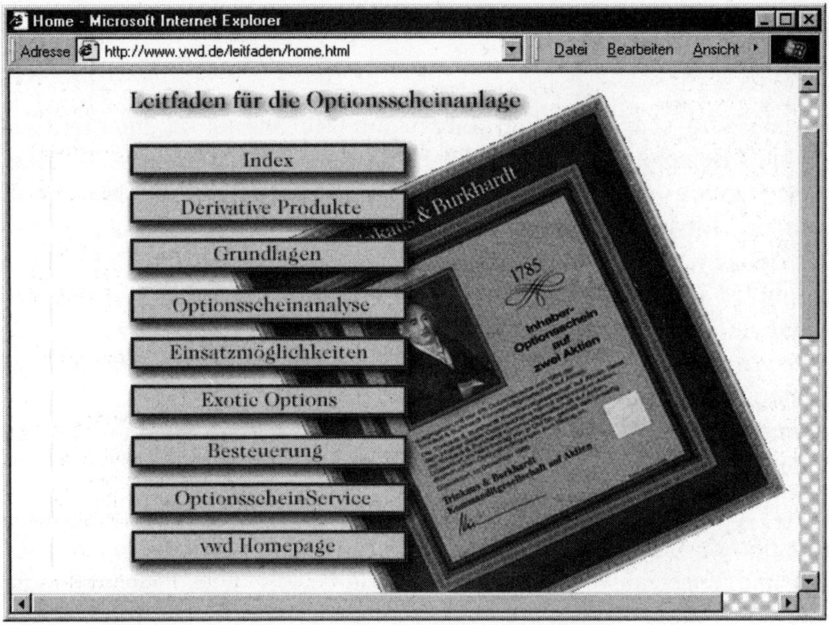

Anlegerwissen

Leitfaden für Optionsscheine

http://www.vwd.de/leitfaden/home.html

Dieses sehr leicht verständliche und gut strukturierte Web-Angebot des Bankhauses Trinkaus & Burkhardt beschäftigt sich mit den gewinnträchtigsten und risikoreichsten Wertpapieren: Den sogenannten Derivaten, die auch bei geringem Kapitaleinsatz zu erwerben sind. Die verschiedenen Derivate werden knapp vorgestellt - nicht nur Optionsscheine, sondern auch Forwards und Futures. Sie finden außerdem Hinweise zur Analyse von Optionsscheinen und Hinweise auf sinnvolle Einsatzmöglichkeiten von Derivaten innerhalb einer wachstumsorientierten Anlagestrategie mit hohem Risiko.

Allerdings: Wer sich für die Spekulation mit Derivaten interessiert, sollte zunächst einmal ein paar Wochen lang Informationen sammeln und den Terminmarkt ohne Einsatz von Kapital beobachten.

Portale

Portale sind seit zwei, drei Jahren ein Megatrend im Internet. Ein schönes Beispiel dafür ist der allseits bekannte Yahooo, der als reiner Web-Katalog begann und durch allerlei Zusatznutzen wie Mail, Kalwender, Einkaufs- oder Versteigerungsmöglichkeiten, Nachrichten aus dem Inland und Ausland sowie Börsenkurse und Aktienanalysen möglichst viele Web-Surfer erst anlocken will, um sie dann davon abzuhalten, seine Seiten zu verlassen. Die großen Portale wie Web.de (*http://web.de/*) oder Yahoo (*http://www.yahoo.de/*) werden am häufigsten von allen Web-Seiten angeklickt. Und das bedeutet für die Betreiber bares Geld, da hohe Besucherzahlen hohe Werbeinnahmen bedeuten.

Etwas ganz Ähnliches gibt es auch zum Thema Finanzen: Einige Finanzportale bieten ein buntes Sammelsurium an Zahlen, Informationen und Zusatzanwendungen wie Musterdepots. Diese Finanzportale sind eine Alternative zu den Kundendienstangeboten von Banken und Brokern im Web.

Allerdings sollten Sie immer daran denken, daß die Anleger-Infos im Internet mit Vorsicht zu genießen sind. Es handelt sich hier nicht um exklusive Analysen. Im Gegenteil, einige Tausend andere Anleger auf der Suche nach Informationen werden die Analysen und Anlagetips ebenfalls lesen.

Dabei kann es vor allem im Neuen Markt zu einem „Karawaneneffekt" kommen: Da alle Leute dem Kauftip folgen, steigt der Kurs. Richtig gute Gewinne machen jetzt nur diejenigen Anleger, die die Aktie bereits besitzen. Alle anderen steigen unter Umständen zu recht hohen Kursen ein. Doch wenn die Karawane weiter zieht - wenn also andere Aktientips befolgt werden - dann kann es sein, daß der Aktienkurs wieder bis auf das Ausgangsniveau absackt. Dies liegt daran, daß sich bei einigen Werten im Neuen Markt wegen des geringen Aktienvolumens Käufe und Verkäufe sehr stark in Kursbewegungen niederschlagen.

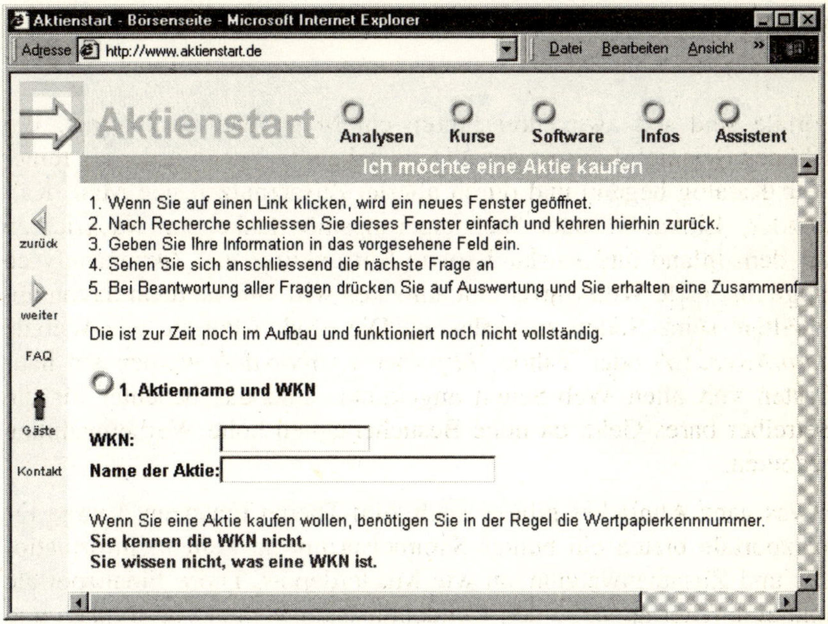

Portal

Aktienstart

http://www.aktienstart.de

Aktienstart ist ein Portal, das sich vor allem an Anfänger bei der Geldanlage mit Aktien richtet. Sie steigen hier in Kauf und Verkauf von Aktien ein, informieren sich über Börsensoftware oder suchen nach den neuesten Emissionen. Ein besonders interessantes Angebot für Unkundige ist der Börsenassistent, der Sie schrittweise durch die Prozedur des Aktienkaufs und der Informationsbeschaffung führt.

Bei Aktienstart finden Sie außerdem Kurse und Charts sowie Empfehlungen und Analysen der wichtigsten deutschen Standardwerte. Sie können einfach den Namen des Unternehmens eingeben und erhalten eine lange Liste mit Empfehlungen - also die Meinungen der Analysten, ob die Aktie kaufenswert ist oder nicht.

Portal

Geld macht Spaß

http://www.geldmachtSpaß.de/

Unter dem etwas frivolen Namen „Geld macht Spaß" finden Sie in diesem Portal die drei Rubriken „Geld", „Macht" und „Spaß". Bei „Geld" finden Sie Einsteigerinfos zum Thema Aktien. Besonders interessant ist der Anfängerkurs „Fit For Börse". Für Fortgeschrittene sehr praktisch sind die bislang 150 Unternehmensportraits aus dem neuen Markt, die Schritt für Schritt ausgebaut werden sollen.

Die Rubrik „Macht" bezieht sich auf die alte Weisheit „Wissen ist Macht" und bietet eine Suchmaschine für Finanzseiten und eine Linksammlung. Hinter der Rubrik „Spaß" verbirgt sich die humoristische Ecke des Web-Angebots mit verschiedenen Kolumnen wie zum Beispiel der Börsen-Soap „Daytrader out of Hell" oder dem Mystery-Reißer „Aktie X", wo es um Aliens in Finanzmärkten geht.

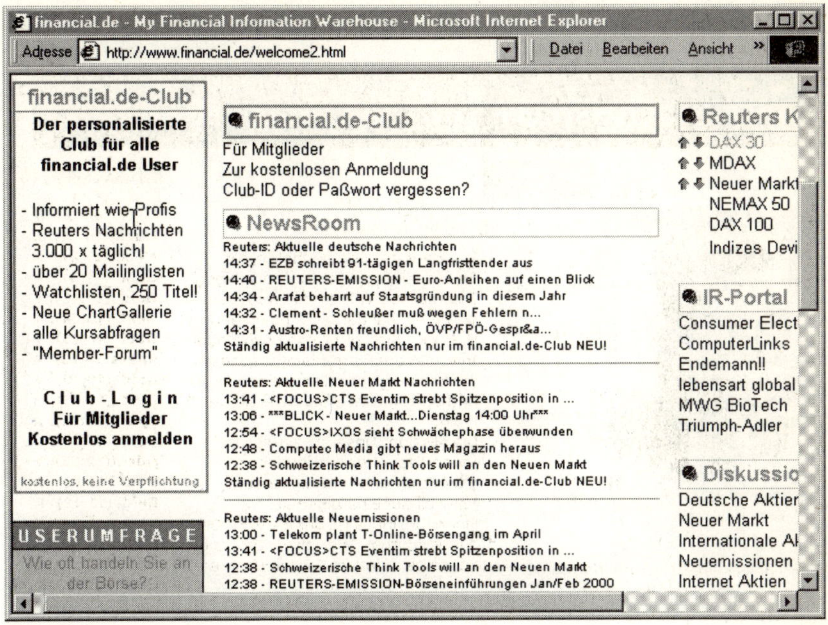

Portal

Financial.de

http://www.financial.de/

Bei „Financial.de“ können Sie täglich die etwa 3.000 neu erscheinenden, internationalen Börsennachrichten der Agentur Reuters lesen, bekommen die aktuellen Kurse und Kurscharts von über 200.000 Unternehmen angezeigt und informieren sich in über 600 Kurslisten über Gewinner, Verlieren und Indizes in verschiedenen Marktsegmenten und Branchen. Zusätzlich finden Sie hier eine Möglichkeit, Ihr eigenes Musterdepot aufzubauen und können diverse Mailinglisten abonnieren, die Sie über verschiedene Anlageformen, Branchen und Märkte auf dem laufenden halten. Außerdem gibt es auch ein Diskussionsforum. Eine Besonderheit ist das „Investor Relations Portal“, das die Infos von verschiedenen kleineren Unternehmen aus dem Neuen Markt bündelt - darunter so bekannte wie b.i.s. AG, Endemann oder Osys International.

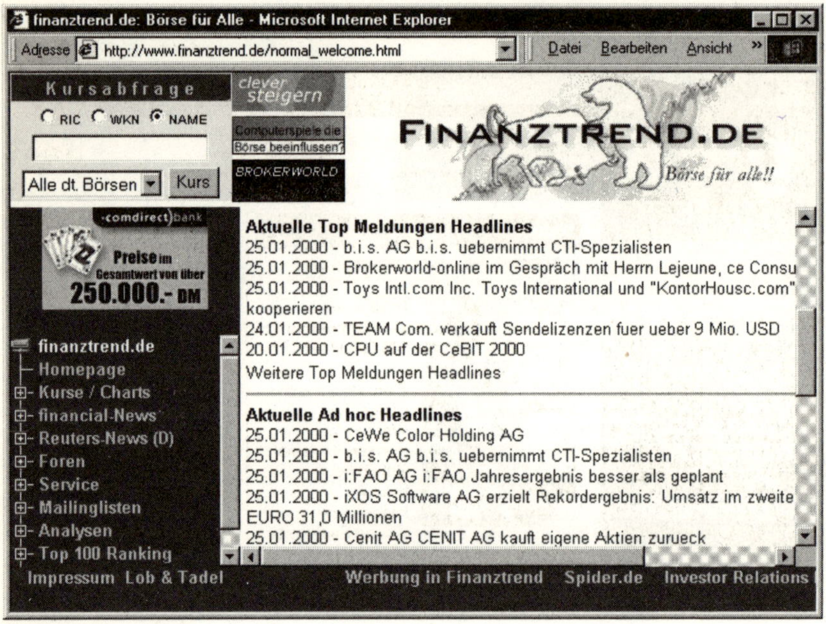

Portal

Finanztrend

http://www.finanztrend.de/

„FinanzTrend“ ist eine etwas übersichtlichere Alternative zu Financial.de. Sie finden hier nicht die Fülle an Informationen wie beim großen Bruder, landen aber dafür mit Hilfe einer Explorer-ähnlichen Navigationsleiste in Baumstruktur ziemlich schnell bei den gewünschten Informationen.

Neben Kursen und Charts finden sie hier vor allen Dingen eine ganze Menge an News - entweder von Reuters oder aus der financial.de-Eigenproduktion. Einen besonders gut gelungenen Service finden Sie unter der Rubrik „Analysen“: Finanztrend gibt Ihnen den Zugriff auf eine große Zahl an Aktienanalysen von renommierten Investmentbanken und Analysten.

Portal

Focus Finanzen

http://finanzen.focus.de/

Einen umfangreichen Service rund ums Geld bietet das Finanzportal des Fakten-Magazins Focus. Neben den üblichen Börseninformationen finden Sie hier auch Infos und Links zu den Themen Versicherungen, Steuern, Recht und Immobilien. Die Rubrik „Business" enthält außerdem Tips und Hinweise für Existenzgründer.

Besonders stark ist das Focus-Portal bei Leistungsvergleichen von Banken, Brokern, Fonds, Kreditkarten, oder Festgeldkonten. Die Vergleiche werden regelmäßig gepflegt und auf dem neusten Stand gehalten. Besonders wichtig für potentielle Geldanleger ist die Rubrik „Anlagebetrug": Sie finden hier Warnungen vor „faulen" Angeboten, Hintergrundberichte zu verschiedenen Anlagebetrügereien und Tips für die Identifizierung von unseriösen Vermittlern und Angeboten.

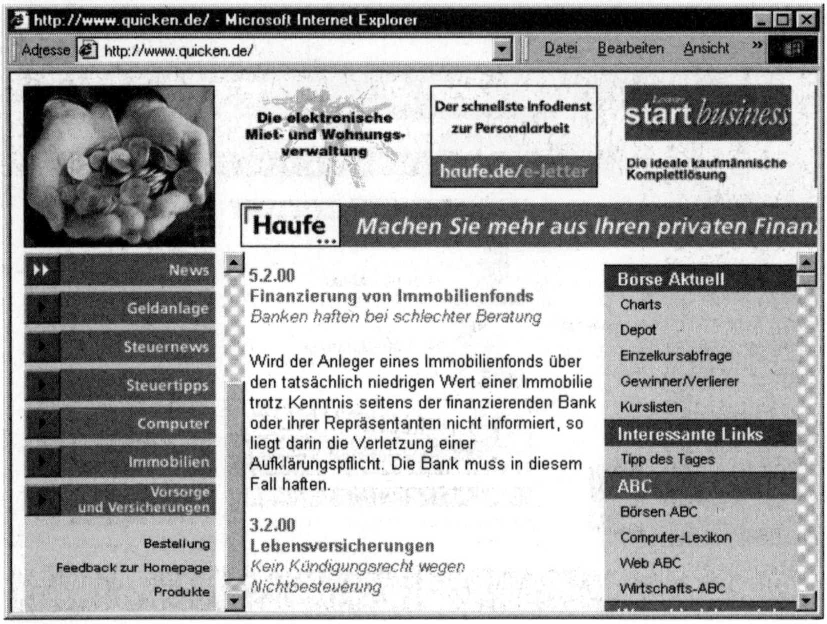

Portal

Quicken Finanzportal

Besonders an die Benutzer der bekannten Finanzmanagement-Software „Quicken" richtet sich das Finanzportal Quicken.de. Doch auch andere Geldanleger finden hier Informationen zu allen Themen rund um Finanzen. Besonders interessant ist die große Bandbreite an Inhalten. Das Web-Angebot konzentriert sich nicht nur auf Börsenkurse und Analysen, sondern widmet sich auch Themen wie Versicherungen, Steuern, Immobilien, Renten und Versicherungen. Mit Hilfe einer großen Zahl an Online-Rechnern können Sie unter anderem die Rendite von festverzinslichen Wertpapieren von Investmendfonds-Sparplänen ausrechnen. Außerdem finden Sie einen Zinsspiegel für Kredite und Hypotheken sowie allerlei Tips und Tricks für Selbständige, Leute mit 630-Mark-Jobs, zu Werbungskosten, Arbeitszimmer und Wegepauschalen. Zu allen diesen Themen gibt es darüber hinaus ausführliche Nachrichten und Hintergrundberichte.

Portal

Stock-World

http://www.stockworld.de/

Stock-World ist ein Finanzportal, das sich auf Infos und Analysen zu den Werten des Neuen Markts, der amerikanischen Technologie-Börse NASDAQ und internationale Nebenwerte spezialisiert hat. Neben Kursen, Charts, Analysen und aktuellen Markt- und Firmennachrichten finden Sie hier ebenfalls Chats und Diskussionsforen sowie ein Plattform für „Investor Relations“ kleinerer Firmen wie Gold Zack oder Munzinger. Besonders interessant ist ein Verzeichnis der wichtigsten internationalen Internet-Firmen mit Unternehmensprofil, aktuellen Kursen und Charts. In Rubriken wie „Neuer Markt“, „Nebenwerte“, „Internet-Werte“ und „Zockerwerte“ finden Sie eine umfangreiche, tagesaktuelle Sammlung von Meldungen, Analysen und Empfehlungen zu den jeweils hier einsortierten Aktien.

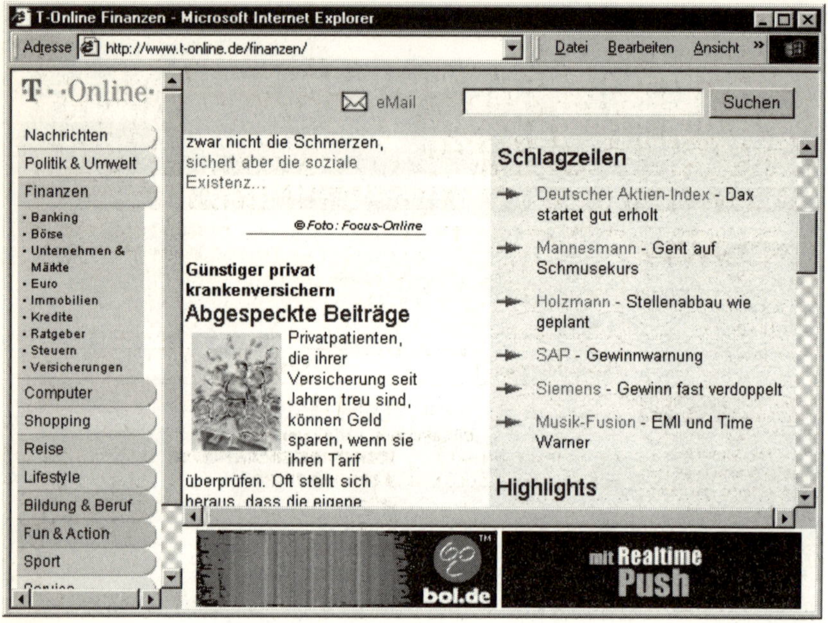

Portal

T-Online Finanzen

http://www.t-online.de/finanzen/

In renovierter Optik, aber immer noch ein wenig unübersichtlich präsentiert sich das Finanzportal von T-Online. Neben aktuellen Meldungen der Nachrichtenagenturen zum Thema finden Sie hier verschiedenen Links zu Rubriken wie „Versicherungen“, „Immobilien“, „Kredite“, „Steuern“ und „Börse“. Die einzelnen Rubriken präsentieren jeweils wieder tagesaktuelle Nachrichten zu diesem Thema sowie zahlreiche Links zu weiterführenden Web-Angeboten. Die Aufteilung der Links im rechten Bereich der Rubrik ist simpel: Oben finden Sie Links zu weiteren Seiten der T-Online-Redaktion, weiter geht es in das Web. Beim Finanzportal von T-Online liegt die Klasse nicht in der Masse: Die Redaktion des Portals sammelt nur wenige, aber dafür ausgesuchte Links. Vor allem Einsteiger finden hier sehr schnell ihren Weg durch die Untiefen des World Wide Web.

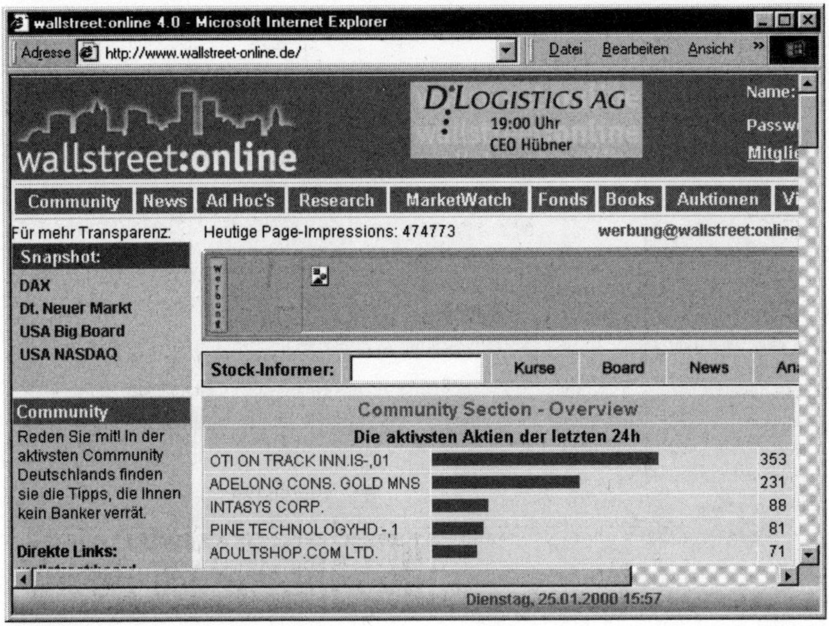

Portal

Wallstreet:online

http://www.wallstreet-online.de/

Extrem umfangreich und mit viel redaktioneller Eigenarbeit präsentiert sich das Finanzportal „Wallstreet:online". Es richtet sich vor allem an den etwas erfahreneren Online-Geldanleger, der durch den Informations-Overkill auf den Seiten nicht abgeschreckt wird.

Neben den Standards (Kurse, Charts, Nachrichten, Analysen, Marktübersichten) enthält das Angebot von „Wallstreet:online" auch einige Besonderheiten.

In der Bücherrubrik finden Sie Rezensionen von Büchern zur Geldanlage. Die Abteilung „Fonds" bietet Nachrichten sowie Hinweise auf neue Fonds. Hinter der Rubrik „Community" verbergen verschiedene Diskussionsforen zu allen Bereichen der Geldanlage, Chats, Musterdepots und eine persönliche Watchlist.

Behörden und Vereine

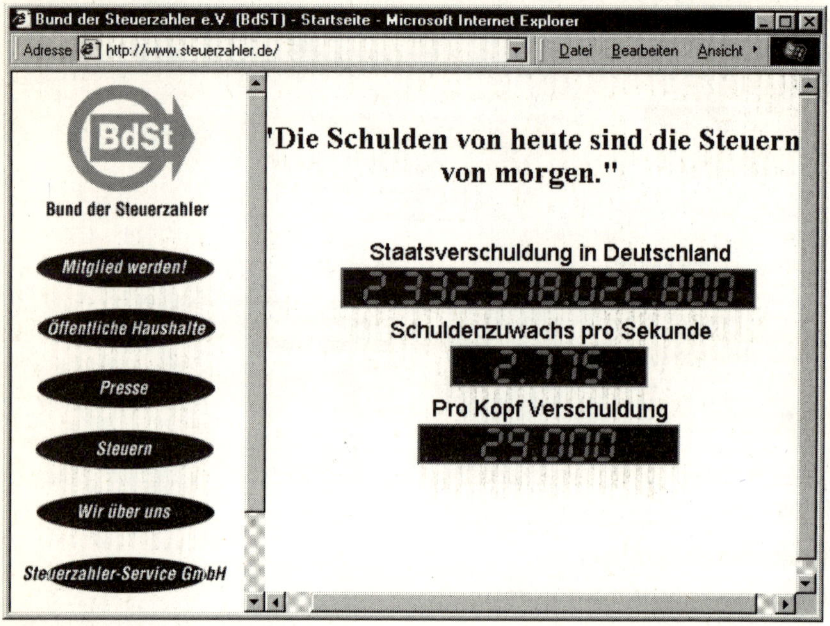

Verbraucher

Bund der Steuerzahler

http://www.steuerzahler.de/

Die berühmte Schuldenuhr ist der Blickfang des Bundes der Steuerzahler, der Interessenvertretung der Steuerzahler. Unter anderem können Sie in diesem Web-Angebot verschiedene Publikationen des Bundes der Steuerzahler bestellen sowie die monatlich erscheinende Zeitschrift „Der Steuerzahler" abonnieren. Außerdem finden Sie Informationen über Steuergeldverschwendung, die Haushaltspolitik des Bundes und der Länder sowie Tips und Tricks zum Thema „Steuern". Sie finden hier unter anderem einen Rechner, der die Ökosteuer aus Kraftstoff- oder Heizungskosten herausrechnet.

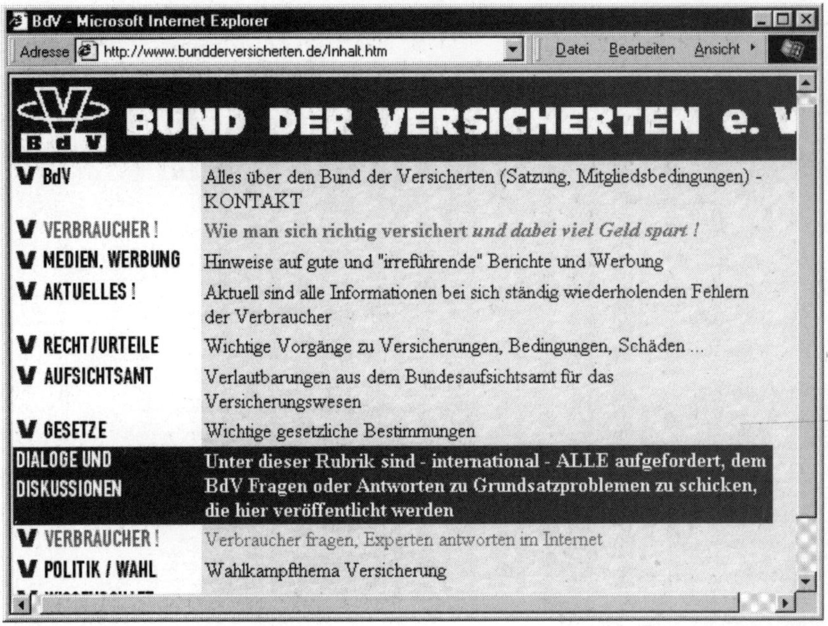

Verbraucher

Bund der Versicherten

http://www.bundderversicherten.de/

Der 1982 gegründete „Bund der Versicherten“ ist ein gemeinnütziger Verein, der jeden Interessierten mit Hintergrundinformationen und Tips zum Thema „Versicherungen“ versorgt. Mitglieder erhalten kostenlose Beratungen durch Juristen und gerichtlich zugelassene Versicherungsberater zu allen Versicherungsfragen.

Im Web-Angebot des Bundes der Versicherten finden Sie viele Tips zu Versicherungen aller Art. Besonders interessant ist die Möglichkeit, im Internet allgemeine Fragen zu Versicherungen zu stellen. Die Antworten auf diese Fragen erhalten Sie über die Web-Seiten des BdV. Ein weiterer Schwerpunkt sind aktuelle Vergleiche der Kosten und Leistungen von Versicherungen sowie Tips zum richtigen Versicherungsschutz.

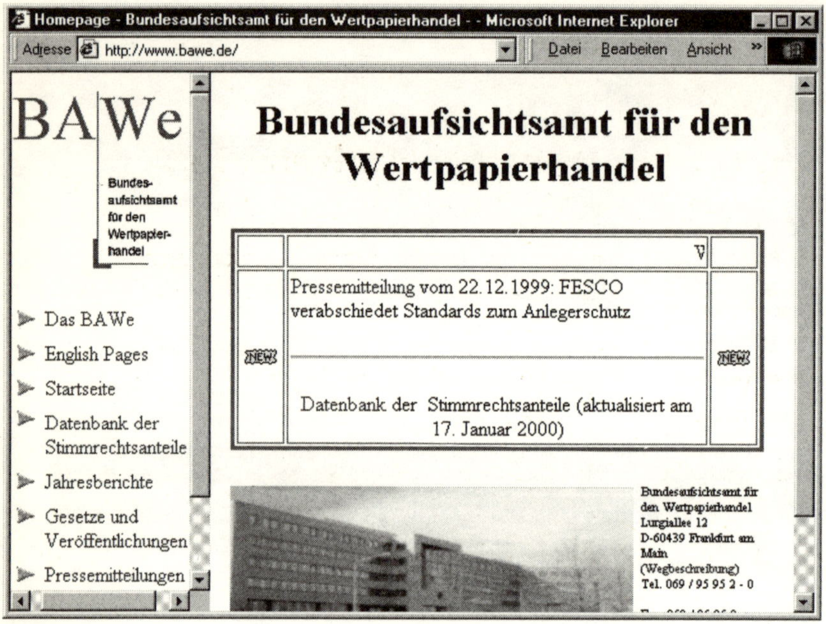

Verbraucher

Bundesaufsichtamt für den Wertpapierhandel

http://www.bawe.de/

Das Bundesaufsichtsamtes für den Wertpapierhandel stellt die Funktionsfähigkeit der Märkte für Wertpapiere und Derivate sicher. Unter anderem verfolgt und bekämpft es Insidergeschäfte, überwacht alle Transaktionen in Wertpapieren und Derivaten und die Ad-hoc-Publizität börsennotierter Unternehmen sowie die Verhaltensregeln und Organisationspflichten von Finanzdienstleistern.

Auf den Web-Seiten des Bundesaufsichtsamtes für den Wertpapierhandel finden Sie unter anderem die Volltexte aller Gesetze und Verordnungen für Börsen sowie eine Datenbank mit einer Übersicht der Eigentums- und Stimmrechtsverhältnisse aller deutschen Aktiengesellschaften im amtlichen Handel. Über sie Datenbank ist es möglich, gezielt nach Aktiengesellschaften bzw. Aktionären zu suchen.

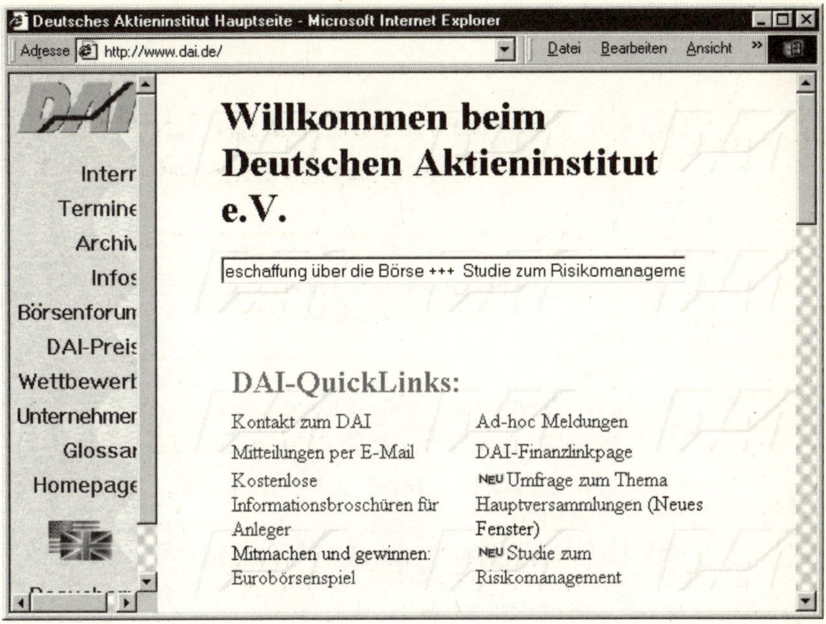

Verbraucher

Deutsches Aktieninstitut

http://www.dai.de/

Das Deutsche Aktieninstitut e.V. ist der Verband deutscher börsennotierter Aktiengesellschaften und anderer an der Aktie interessierter Unternehmen und Institutionen. Seine Aufgabe ist die Förderung der Aktie als Anlageform und als Finanzierungsinstrument. Das Aktienistitut offeriert eine breite Palette von Leistungen und hat als weitere wichtige Aufgabe eine wichtige Aufgabe in der Information der breiten Öffentlichkeit.

Die Veranstaltungen umfassen Seminare zu aktuellen Themen rund um den Kapitalmarkt, Workshops und Publikumsveranstaltungen wie die Internationale Anlegermesse. In der Rubrik „Veröffentlichungen" finden Sie alles von der Broschüre für den Aktien-Einsteiger bis zur Fachinformation für Wissenschaft und Presse.

Verbraucher

Kritische Aktionäre

http://ourworld.compuserve.com/homepages/Critical_Shareholders/

Seit Mitte der 80er Jahre kritisieren einige Kleinaktionäre das manchmal rücksichtslose Geschäftsgebaren von Aktiengesellschaften. Sie schlossen sich zusammen und gründeten den „Dachverband der Kritischen Aktionärinnen und Aktionäre e.V.". Die Mitglieder des Dachverbands fragen laut Selbstdarstellung nicht zuerst, wie hoch ihre Dividende ausfällt, sondern woher sie stammt. In den Hauptversammlungen von derzeit rund 30 deutschen AGs setzen sie sich für mehr Umweltschutz, mehr soziale Gerechtigkeit und die Einhaltung der Menschenrechte ein.Wer sich vom Dachverband in den Hauptversammlungen vertreten lassen möchte, kann ihm die Stimmrechte übertragen. Für die Vertretung erbittet der Dachverband eine kleine Dividenden-Spende, die zwischen 10 Pfennig und einer Mark liegt.

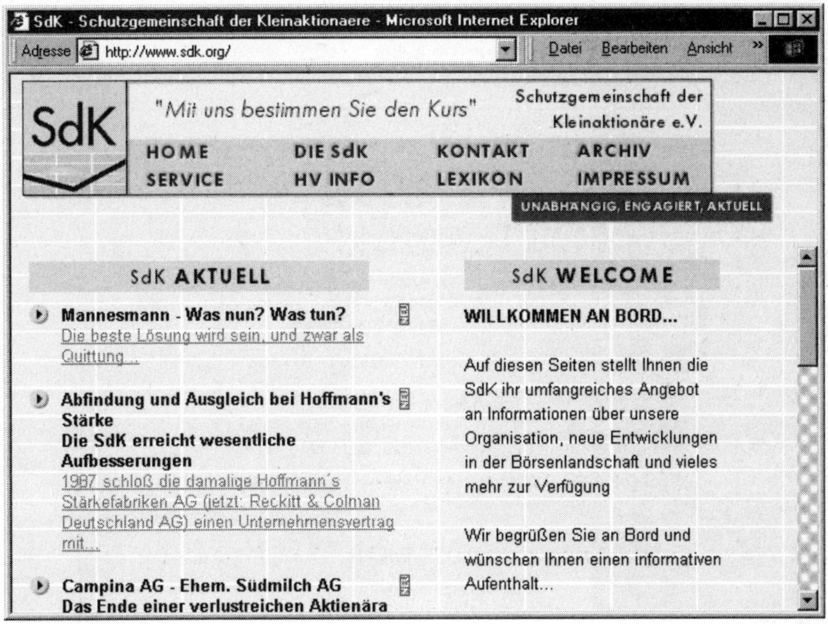

Verbraucher

Schutzgemeinschaft der Kleinaktionäre

http://www.sdk.org/

Die „Schutzgemeinschaft der Kleinaktionäre“ (SdK) nimmt ausschließlich die Rechte und Interessen der Kleinaktionäre wahr. Sie ist völlig unabhängig. Ihre Sprecherinnen und Sprecher sind ausnahmslos ehrenamtlich tätig. Sie setzt sich für eine wertorientierte Unternehmensführung, die risikogerechte Verzinsung des Aktionärskapitals, angemessene Abfindungs- und Umtauschangebote, die Gleichbehandlung aller Aktionäre bei Unternehmensübernahmen sowie die gesetzliche Vertretung des Streubesitzes im Aufsichtsrat ein. Die SdK vertritt Ihre Stimmrechte kostenlos und ohne Namensnennung. Sie veranstaltet regelmäßig Seminare, die Know-How rund um Wertpapiere vermitteln. In einigen Publikationen für Aktieneinsteiger fasst sie leicht verständlich die Grundlagen zusammen.

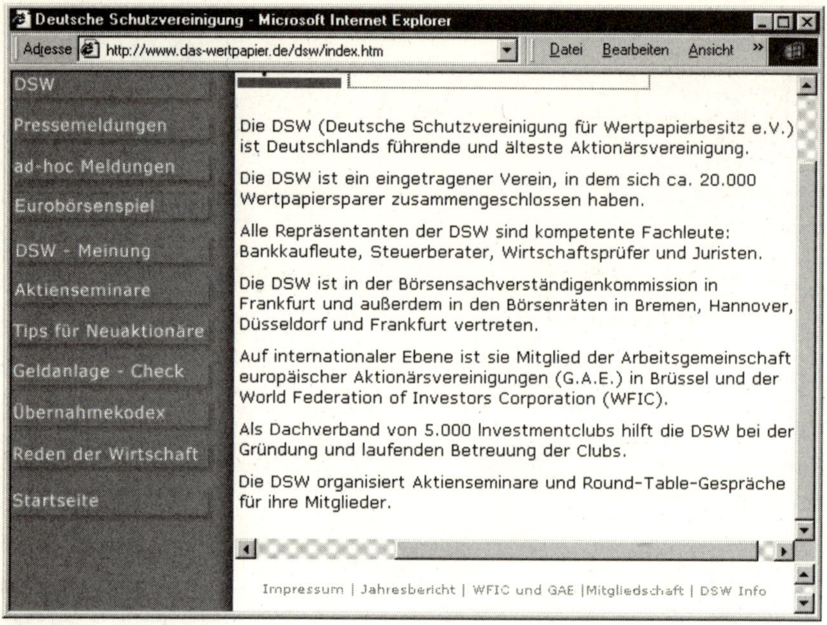

Verbraucher

Schutzvereinigung für Wertpapierbesitz

http://www.das-wertpapier.de/dsw/index.htm

Die „Deutsche Schutzvereinigung für Wertpapierbesitz“ (DSW) ist ein eingetragener Verein, in dem sich rund 20.000 Wertpapiersparer zusammengeschlossen haben. Als Dachverband von 5.000 Investmentclubs hilft die DSW bei der Gründung und laufenden Betreuung der Clubs.

Sie bietet ihren Mitgliedern kostenlose außergerichtliche Rechtsberatung in allen Wertpapier-Fragen. Zur Klärung grundsätzlicher Rechtsfragen führt die DSW Musterprozesse. Seit 1965 hat sie in über 40 Abfindungsverfahren Nachzahlungen von mehr als 220 Mio. DM für ihre Aktionäre durchgesetzt. Alleine in einem Musterverfahren zur Prospekthaftung hat die DSW 18 Mio. DM Schadenersatz für ihre Mitglieder erstritten.

Verbraucher

Stiftung Warentest

http://www.stiftung-warentest.de/

Die bekannte „Stiftung Warentest" exisitiert seit 1964 und ist eine Stiftung bürgerlichen Rechts. Sie präsentiert in Ihrem Web-Angebot einen Überblick über das Gesamtprogramm der gemeinnützigen Stiftung. Sie können hier aktuelle Meldungen zu allen Warentest-Themen lesen, sich in Kurzmeldungen über die Inhalte der Zeitschriften „Test" und „Finanztest" informieren sowie Publikationen bestellen.

Zu einer Reihe von Aspekten finden Sie in der Rubrik „Sonderthemen" auch ausführliche Artikel aus den Publikationen des Verlages. In einem Geldanlagelexikon können Sie sich über verschiedene Wertpapiere sowie Fachbegriffe informieren. Außerdem finden Sie hier ausführliche Informationen über Investmentfonds und einen Dauertest von etwa 300 Fonds.

Verbraucher

Verbraucherschutzmagazin

http://verbraucherschutz.wtal.de/

Das Verbraucherschutz-Magazin ist ein kritischer Informationsdienst zu allem Themen rund um Geldanlage, Börse, Lebensversicherungen und Baufinanzierung. Sie erhalten hier Hinweise auf verschiedene Praktiken von Strukturvertrieben, die allesamt nicht besonders seriös sind. In einem Sonderteil finden Sie eine ausführliche Darstellung von verschiedenen Strategien und Möglichkeiten der Geldanlage.

Ergänzt wird diese Einführung durch praktische Ratschläge zu Versicherungen und Baufinanzierungen. Außerdem finden Sie hier eine Rendite-Studie, die unter anderem ausführliche Fonds-Rendite-Tabellen ab 1954 enthält. Mit Hilfe dieser Studie, die allerdings DM 29,90 kostet, können Sie bei den meisten aktuellen Wertpapieren die Wertentwicklung nachrechnen.

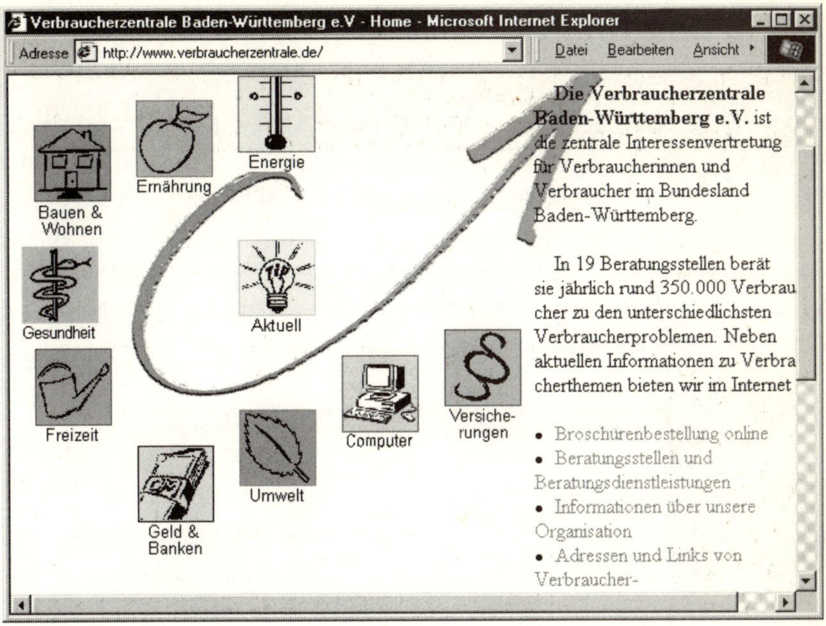

Verbraucher

Verbraucherzentrale

http://www.verbraucherzentrale.de/

Die Verbraucherzentrale Baden-Württemberg bietet im Internet umfangreiche Informationen zu allen Themen der Verbraucherberatung. Ein besonderer Schwerpunkt sind Informationen zu den Themen Banken, Baufinanzierung, Versicherungen und Geldanlagen.

Besonders interessant sind ein wochenaktueller Vergleich von Hypothekenzinsen sowie zahlreiche Tips und Hinweise zu verschiedenen Anlage- und Versicherungsformen. Ein großer Teil der Infos der Verbraucherzentrale ist nur in Form von kostenpflichtigen Broschüren erhältlich, die Sie über das Web-Angebot bestellen können. Die Web-Seiten selber enthalten nur knapp gehaltene Kurzartikel, die aber für einen ersten Einstieg in die behandelten Themen ausreichend sind.

Kurse und Charts

Der richtige Zeitpunkt für den Kauf oder Verkauf einer Aktie wird weder durch Würfeln noch durch Intuition gefunden. Grundlage einer Investitionsentscheidung sind immer „harte“ Zahlen.

Web-Anbieter, die solche harten Fakten liefern, finden Sie im World Wide Web in großer Zahl. Die Menge der Finanzportale, Aktienkurslieferanten und Chart-Anzeigedienste wächst beinahe täglich. Inzwischen ist dieser Informationsmarkt kaum mehr zu überblicken.

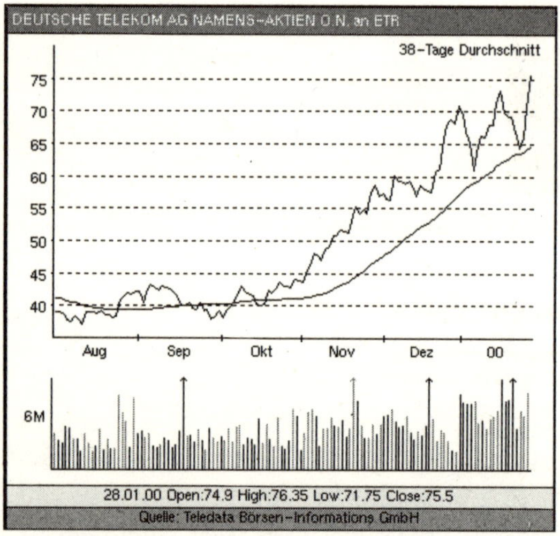

Die Objekte der Begierde: Kurse und Charts

Aktien

Auf den folgenden Seiten finden Sie eine Auswahl an Kursdiensten, die zeitverzögerte und Echtzeitkurse für Aktien anbieten. Hierbei gibt es eine erstaunliche Entwicklung: Waren vor Jahresfrist Echtzeitkurse nur gegen Gebühr erhältlich, so gibt es sie jetzt bereits kostenlos.

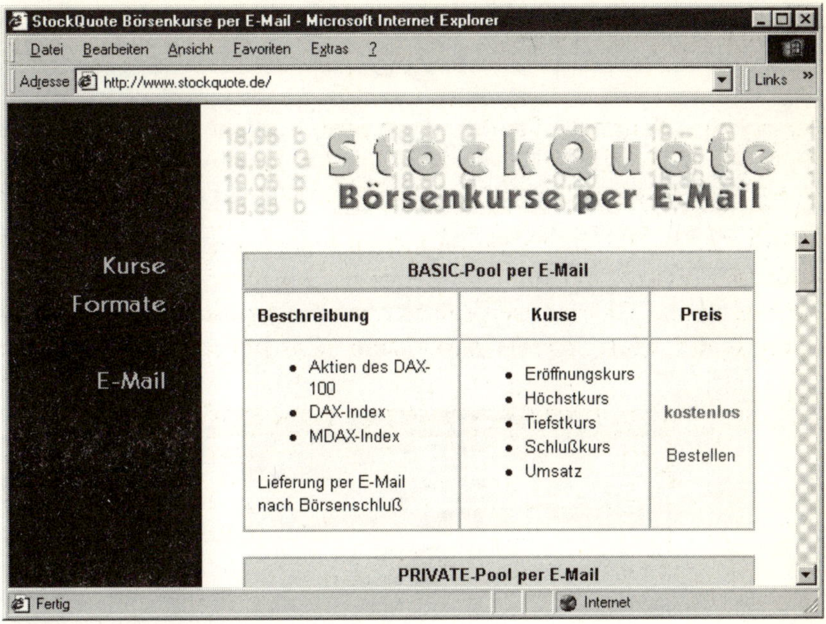

Aktien

Börsenkurse per E-Mail, SMS oder WAP

http://www.kursbutler.de/
http://www.prophetfinance.com/
http://www.stockquote.de/
http://www.stockwatch.de/
http://www.timelyquote.com/

Börsenfans können Aktienkurse auf dem Handy als SMS-Nachricht oder als WAP-Seite einsehen. Verschiedene deutsche und internationale Anbieter bieten einen solchen Service an, der sogar kostenlos ist. Alle oben aufgeführten Anbieter kennen aber auch einen Dienst, der Börsenkurse per E-Mail verschickt. Meist geschieht das am Ende des Börsentages und Sie erhalten alle notwendigen Daten wie Start-, Schluss, Tiefst- und Höchstkurs. Dieser Service ist empfehlenswert, wenn Sie Ihr Wertpapierdepot offline führen und keine Tageskurse verpassen möchten, auch wenn Sie das Netz mal nicht nutzen.

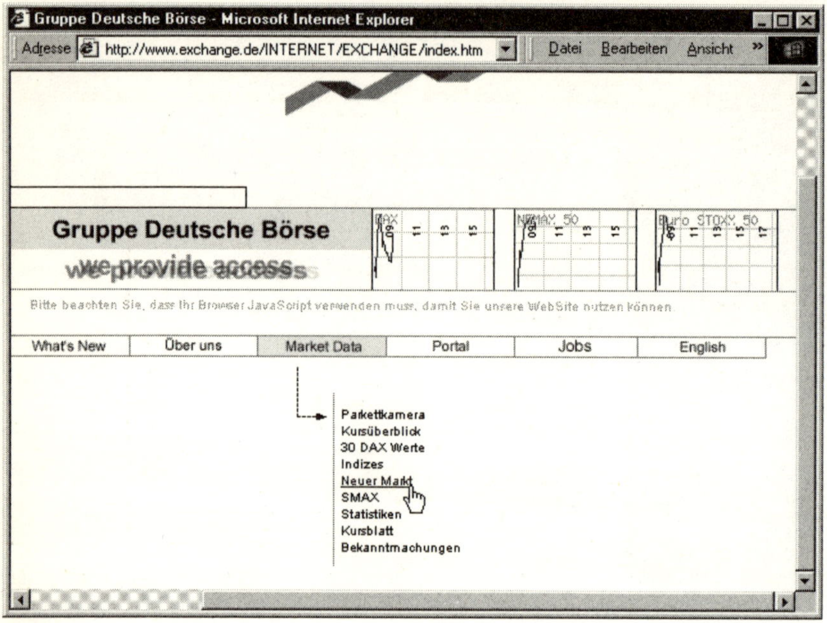

Aktien

Deutsche Börse AG

http://www.exchange.de

Die Deutsche Börse AG organisiert den Handel auf dem Kassa- und dem Terminmarkt, veröffentlicht Informationsprodukte wie den DAX und entwickelt Computersysteme wie Xetra. Dies ist ein elektronisches Handelssystem, das Kauf- und Verkaufsaufträge automatisch ausgeführt. Inzwischen entfallen zwei Drittel der Umsätze in deutschen Aktien auf Xetra. Bei den 30 Standardwerten im DAX erreicht der Marktanteil von Xetra sogar über 80 Prozent. In Web-Angebot der Deutschen Börse AG finden Sie Kurse und Charts zu allen Indizes und Werten, die amtlichen Kursblätter mit den Preisfeststellungsterminen und Handelsvolumina, Ad-Hoc-Meldungen, Infos zu Neuemissionen und vieles mehr. Besonders interessant sind die Kursangaben, bei denen Sie die Handelsvolumina in Stück und Euro finden sowie einen Link auf Optionsscheine zu diesem Wert.

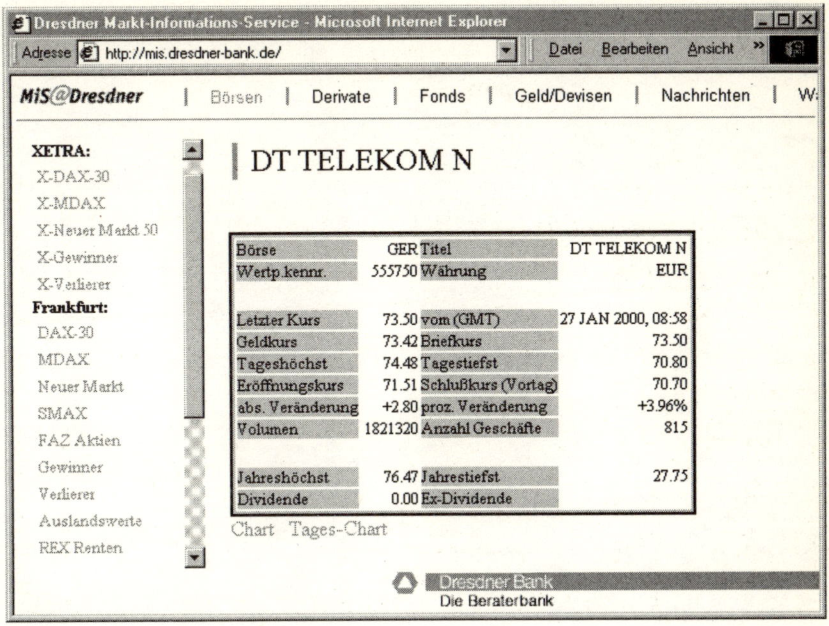

Aktien

Dresdner Bank Aktienkurse

http://mis.dresdner-bank.de/

MIS@Dresdner heißt der Markt-Informations-Service der Dresdner Bank. Er bietet einen umfassenden Überblick über die Situation an den wichtigsten Finanzmärkten der Welt. Sie können ausführliche Wertpapierinformationen, wie Kurse, Charts, Umsätze, Ausstattungsmerkmale und vieles mehr abrufen.

Sie finden hier Übersichtsseiten mit Kursinformationen von deutschen Börsen, den Regionen Amerika, Asien und Europa und zu weltweiten Indizes sowie zu Derivaten, Optionsscheinen, Fonds und Devisen. Im Unterschied zu vielen anderen Angeboten reichen die Kurslisten bei vielen deutschen Standardwerten sowie zahlreichen anderen Aktien um fünf Jahre zurück. Die meisten Anbieter zeigen Ihnen nur Kurse, die 24 Monate zurück liegen.

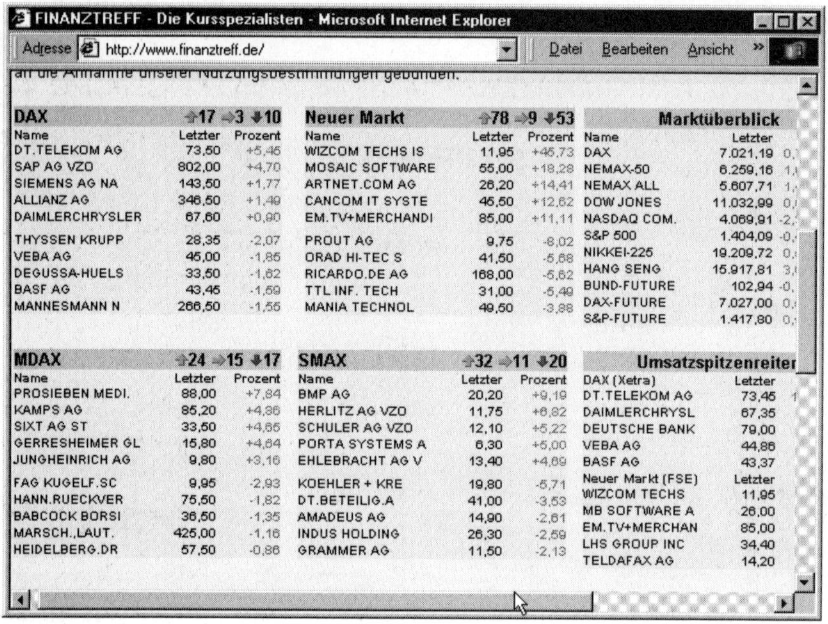

Aktien

FinanzTreff

http://www.finanztreff.de/

Der FinanzTreff bietet ein ausführliches Informationsprogramm mit Kursen, Charts, aktuellen Firmennachrichten und Marktberichten. Mit einem Blick haben Sie die wichtigsten Daten erfasst.

Richtig interessant wird es jedoch, wenn Sie sich beim Finanztreff anmelden: Sie erhalten kostenlose Echtzeitkurse in unbegrenzter Menge, direkt von der Deutschen Börse AG. Dafür müssen Sie allerdings einen umfänglichen Nutzungsvertrag abschließen, der die Angabe der vollständigen Adresse voraussetzt.

Anschließend können Sie ein Online-Portfolio aus Fonds, Aktien und Optionsscheinen anlegen, dessen Kursentwicklung in Echtzeit angezeigt wird.

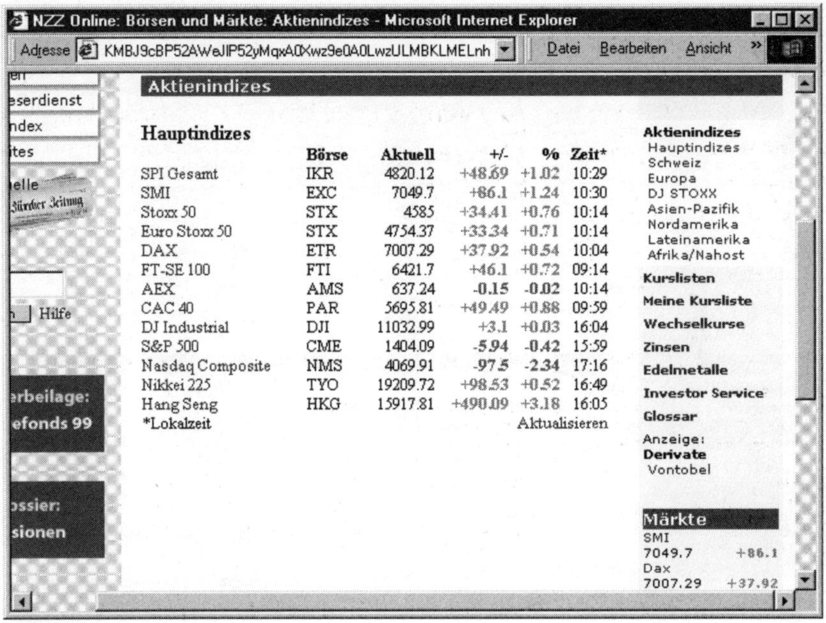

Aktien

NZZ Marktdaten

http://marktdaten.nzz.ch/

Das Kursangebot der „Neuen Zürcher Zeitung" zeigt Kurse von Weltfirmen an den Originalbörsenplätzen. Die Rubrik „Wirtschaft" enthält die wichtigsten Artikel zum schweizerischen und internationalen Wirtschaftsgeschehen. Unter dem Stichwort „Börsen und Märkte" finden Sie eine Auswahl von NZZ-Berichten und -Analysen, laufend aktualisierte Indizes und Kurse aller bedeutenden internationalen Börsen sowie eine personalisierbare Kursliste und ein personalisierbares Portfolio. Für die beiden letzten Dienstleistungen ist ist eine Anmeldung notwendig, der Service ist aber kostenlos. Eine persönliche Kursliste enthält maximal 20 Werte, bei denen lediglich der aktuelle Kurs dargestellt wird. Ergänzend dazu können Sie Dateils und Charts abrufen. Das persönliche Portfolio dagegen bietet eine Depotverwaltung mit Gewinn- und Verlustrechnung.

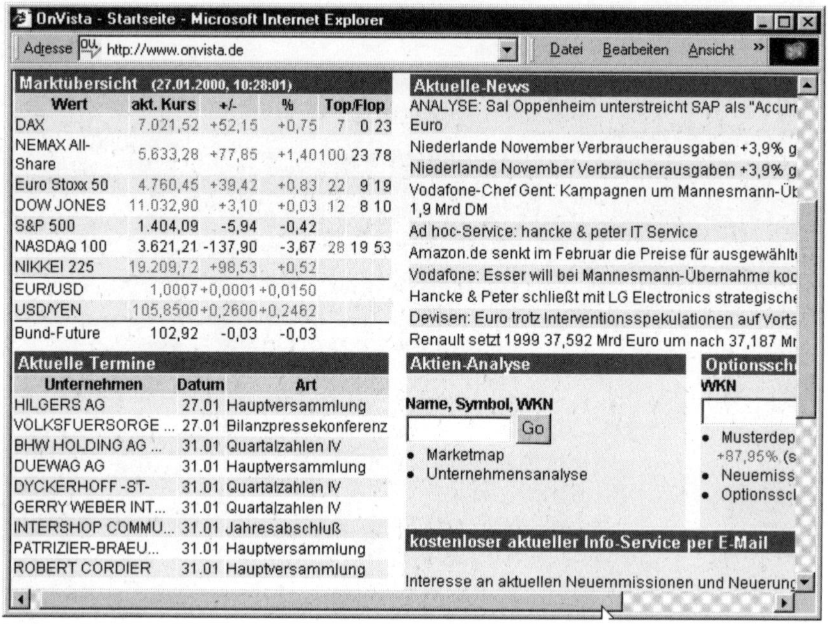

Aktien

OnVista

http://www.onvista.de/

Die OnVista AG ist ein Informationsdienstleister, bei dem die Bewertung von Finanzprodukten sowie die Darstellung der Analyseergebnisse im Vordergrund steht. Investoren finden hier kostenlose Kursinformationen und Optionsscheinvergleiche. Zudem erhalten sie Aktientipps, Termine und Analystenempfehlungen zu rund 3.000 Firmen. Ein kostenloser E-Mail-Service schickt aktuelle Daten auf den PC. Eine komfortable Depotverwaltung wird ebenfalls angeboten.

Sehr detailliert und nach vielen Gesichtspunkten lassen sich börsennotierte Firmen einer Branche vergleichen. Der Kursverlauf wird wahlweise minutengenau für den Tag oder die letzten Wochen angezeigt. Zu jedem Wertpapier sind eine Fülle von Kenndaten, Bilanzen und Einschätzungen abzurufen.

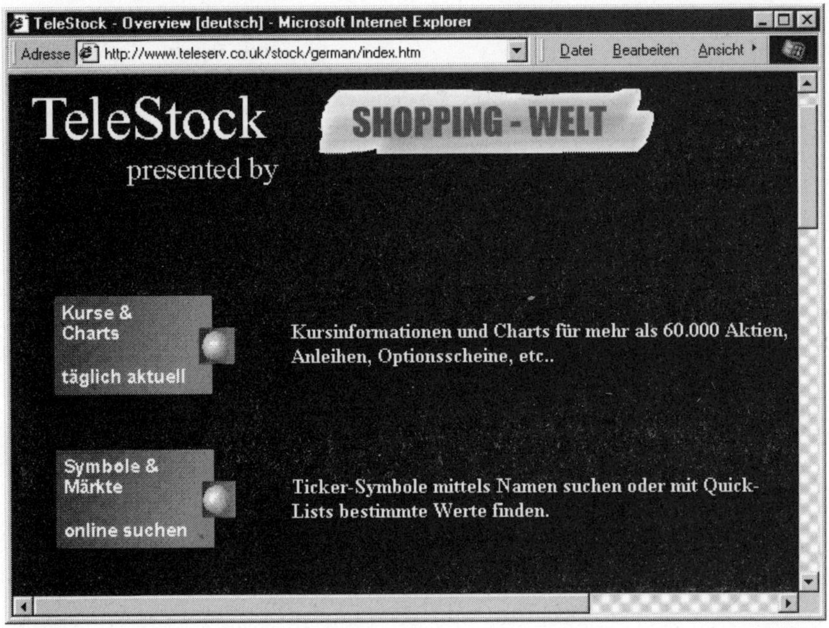

Aktien

TeleStock

http://www.teleserv.co.uk/stock/german/index.htm

Das Web-Angebot von TeleStock ist in England angesiedelt, besitzt jedoch auch eine Benutzeroberfläche in deutscher Sprache. Der Anbieter sammelt Börsendaten von mehr als 60.000 Aktien aus allen wichtigen deutschen und internationalen Börsen - unter anderem NYSE/AMEX, NASDAQ, COMEX, CME/IMM, KCBT, MACE, NYMEX, Frankfurt, Düsseldorf, SOFFEX und Swiss SMF.

Sie finde hier außerdem zu vielen Firmen ergänzende Informationen wie Hauptversammlungstermine, Branchen, Cash-Flow, Marktkapitalisierung, Dividenden und vieles weitere mehr. Die Kursdatenbank von TeleStock reicht bis zu fünf Jahre zurück. Sie können die Börsenkurse als Tabelle und Chart anzeigen. Außerdem ist es möglich, die Kurse im Quicken-Format auf den eigenen Rechner zu laden.

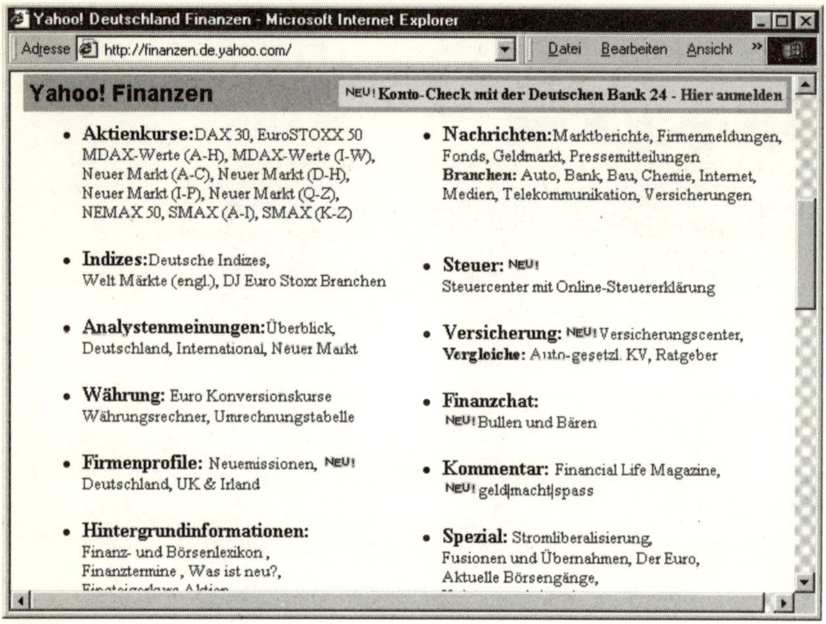

Aktien

Yahoo! Finanzen (Deutschland)

http://finanzen.de.yahoo.com/

Der Finanz-Service des Web-Katalogs „Yahoo“ sammelt die Kurse der wichtigsten Börsen und Aktienindizes weltweit. Die Daten werden während der Börsenöffnungszeiten kontinuierlich aktualisiert. Die innerhalb von Yahoo! Finanzen angezeigten Börsenöffnungszeiten basieren auf der im jeweiligen Land geltenden Zeitzone.

Doch der Service „Yahoo! Finanzen“ bietet wesentlich mehr als nur Kurse. Sie finden hier minutenaktuelle Marktberichte, Unternehmensmeldungen und Wirtschaftnachrichten der großen Nachrichtenagenturen wie dpa oder Reuters. Darüber hinaus gibt es jederzeit aktulle Analystenberichte sowie Meldungen zu Fonds, Versicherungen und Steuern.

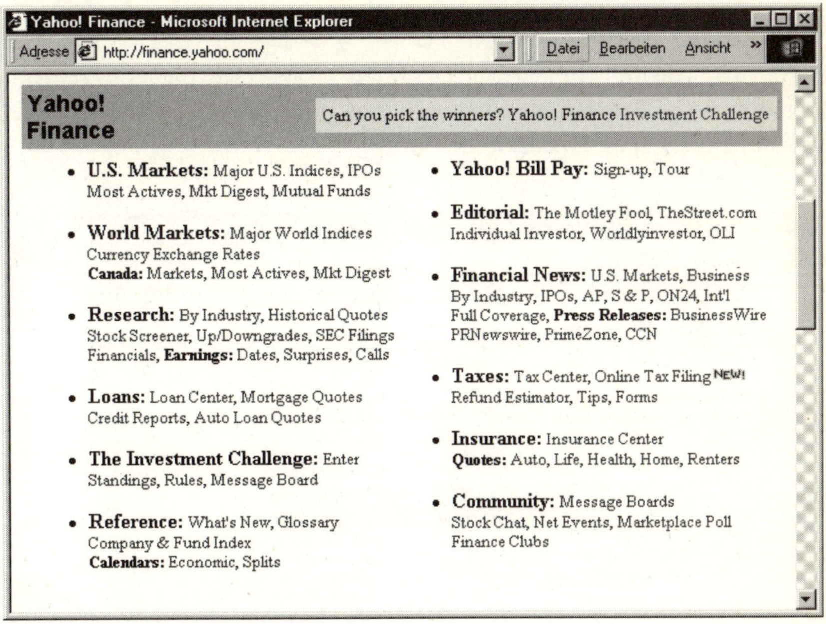

Aktien

Yahoo! Finanzen (International)

http://finance.yahoo.com/

Der internationale Yahoo bietet ebenfalls einen Finanz-Service, der entsprechend der Unternehmenspolitik analog zum deutschen Finanzdienst aufgebaut ist. Sie finden hier internationale Kurse, Unternehmsmeldungen und Analysen („Research“) zu Aktien und ebenfalls einen Bereich für Neuemissionen.

Die interessanteste Option sowohl beim deutschen als auch beim internationalen Yahoo ist die Möglichkeit, eine persönliche Yahoo-Ansicht („Mein Yahoo“) aufzubauen. Sie können sich eine eigene Startseite anlegen, die aus mehreren Bereichen besteht und zum Beispiel ausgewählte Börsenkurse sowie einzelne Bereiche der Meldungen, Analysen und Marktberichte enthält.

Investmentfonds

Die Kurse von Investmentfonds können problemlos über die meisten Kursdienste abgerufen werden. Es gibt jedoch einige Anbieter, die sich auf Fonds spezialisiert haben

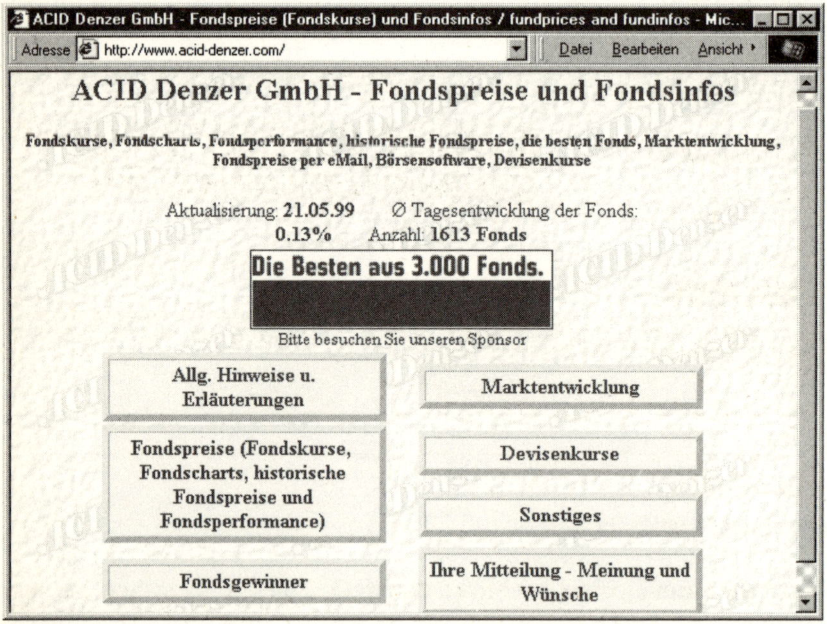

Fonds

Acid Denzer GmbH

http://www.acid-denzer.com/

Dieses Web-Angebot der Acid Denzer GmbH hat sich vollständigen Investmentfonds verschrieben. Sie erhalten hier aktuelle und vergangene Kurse sowie Informationen über rund 1.500 der in Deutschland gehandelten Investmentfonds. Das Angebot stellt die aktuellen Fondspreise mit Ausgabe- und Rücknahmekurs sowie die Preisentwicklung im Vergleich zum Vortag und zum Vormonat. Zu jedem Fond können Sie sich die Wertentwicklung anzeigen lassen.

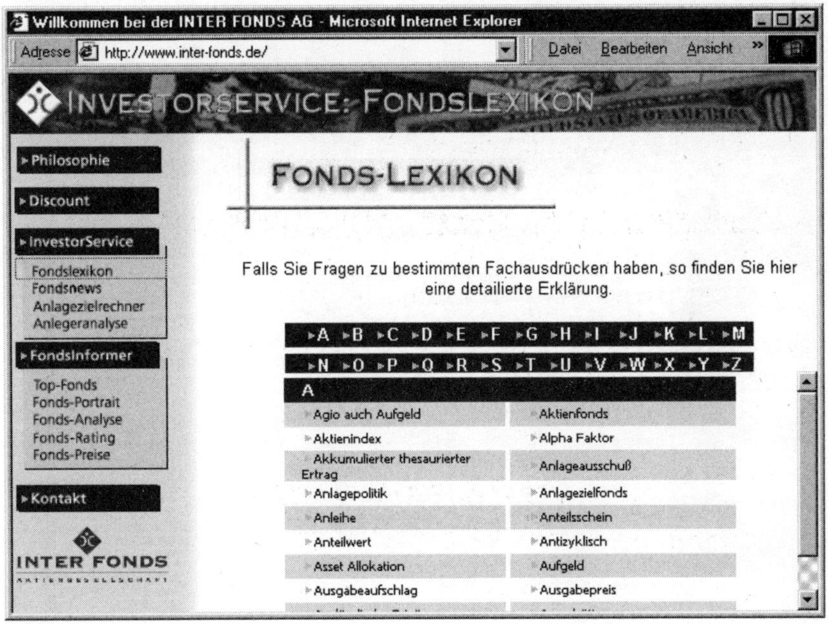

Fonds

Inter-Fonds

http://www.inter-fonds.de/

Auf das Thema „Investmentfonds" hat sich dieses Web-Angebot spezialisiert. Es handelt sich hier um einen Discountbroker nur für Investmentfonds. Der Service hat außerdem das Ziel, das Thema Investmentfonds anschaulich darzustellen und ein schnelles Verständnis der Funktionsweise von Investmentfonds zu ermöglichen, so dass Sie herausfinden welche Investmentfonds Ihren persönlichen Bedürfnissen am nächsten kommen.

Inter-Fonds handelt zudem mit allen in Deutschland zugelassenen Investmentfonds. Für den Großteil der Investmentfonds zahlen Sie einen reduzierten Ausgabeaufschlag. Dabei sind Rabatte je nach Fonds und Anlagebetrag von bis zu 100 Prozent möglich. Zusätzlich können Sie mit Inter-Fonds viele Fonds ohne Ausgabeaufschlag erwerben

Fonds

FondsCheck

http://www.fondscheck.de/

“FondsCheck“ ist ein Dienstleister, der in seinem Web-Angebot umfassende Informationen über das Fonds-Portfolio der verschiedenen Investmentgesellschaften führt. Der Anbieter sammelt Daten zu rund 3.500 in Deutschland zugelassenen Fonds. In der Rubrik „Fonds“ können Sie einzelne Werte nach Kriterien wie Fonds-Art oder Ausgabeaufschlag suchen. Anschließend werden Detailinformationen sowie die Performance in mehreren Jahreswerten angezeigt. In der Kursdatenbank finden Sie die Rückkaufpreise der Fonds-Anteile seit 1994.

Als zusätzlichen Service bietet „FondsCheck“ ein Diskussionsforum, in dem es ausschließlich um Aktienfonds geht. Sie können dort Anlagetips mit Gleichgesinnten austauschen. Ein Mail-Newsletter informiert Sie regelmäßig über neue Fonds und aktuelle Entwicklungen.

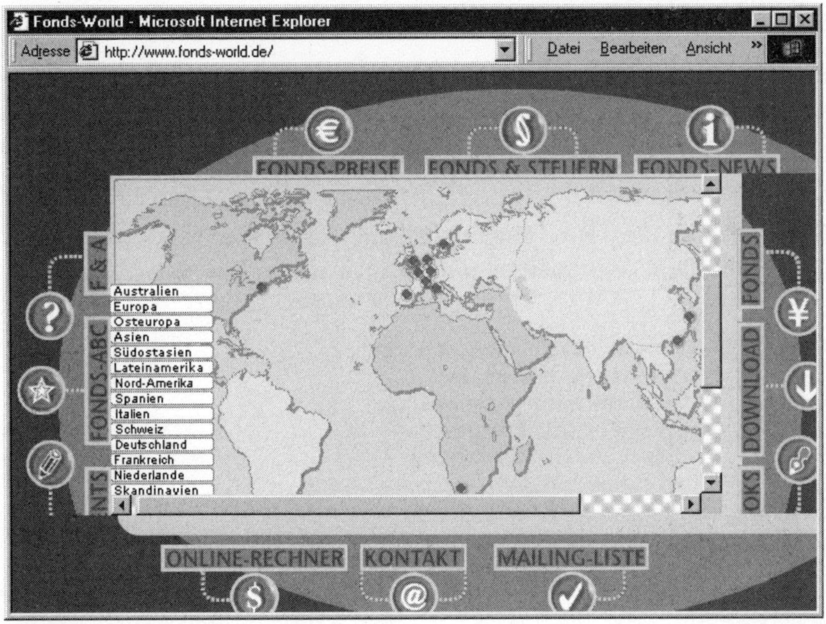

Fonds

Fonds-World

http://www.fonds-world.de/

Die „Fonds-World" bietet eine zielgerichtete Auswahl der Daten, Fakten und Informationen über die Geldanlage Investmentfonds. Der Anbieter trifft eine Vorauswahl, wertet sie nach bestimmten Kriterien aus und bietet seinen Besuchern Hilfe bei der Auswahl der geeigneten Fondsprodukte.

Für jedes Marktsegment (Region, Branche, Thema) stellt die Redaktion der Seiten 3 bis 5 Fonds vor, die nicht nur im Einjahresvergleich glänzten, sondern vor allem über 3, 5 oder 10 Jahre überdurchschnittlich erfolgreich gemanagt wurden.

Die Fonds werden zusätzlich mit Risikofaktoren bewertet und so in 5 Risikoklassen eingestuft: niedrig, unterdurchschnittlich, durchschnittlich, überdurchschnittlich und hoch.

Sonstige Web-Angebote

Im Web gibt es neben den vorgestellten, eher deutsch orientierten Angeboten noch eine Reihe anderer Möglichkeiten. Wichtige Links zu Börsen weltweit finden Sie auf dieser und der nächsten Seite.

Deutsche Börsen

Der bekannte XETRA-Handel und die Frankfurter Börse sind zwar der größte Brocken, doch es gibt in Deutschland noch weitere Wertpapierbörsen.

München: http://www.bayerischeboerse.de/
Berlin: http://www.berlinerboerse.de/
Hannover: http://www.boerse-hannover.de/
Stuttgart: http://www.boerse-stuttgart.de/
Bremen: http://www.boerse-bremen.de/
Düsseldorf: http://www.rwb.de/

Europäische Börsen

Dank Euro ist das Handeln mit europäischen Aktienwerten nicht mehr länger an ein Währungsrisiko gebunden. Die folgende Liste zeigt die Web-Adressen der wichtigsten europäischen Börsen - Osteuropa inklusive.

Amsterdam: http://www.financeweb.ase.nl/
Athen: http://www.ase.gr/
Barzelona: http://www.borsabcn.es/
Belgien: http://www.easdaq.be/
Budapest: http://www.fornax.hu/
Bukarest: http://www.delos.ro/bse
Helsinki: http://www.hse.fi/
Istanbul: http://www.ise.org/
Italien: http://www.borsaitalia.it/
Kopenhagen: http://www.xcse.dk
Lissabon: http://www.bvl.pt/
Litauische Börse: http://www.nse.lt
Ljubljana: http://www.ljse.si/
London: http://www.ft.com/
Madrid: http://www.bolsamadrid.es/
Mazedonische Börse: http://www.mse.org.mk
Oslo: http://www.nettvik.no/
Paris: http://www.bourse-de-paris.fr/

Prag: http://www.vol.cz/
Russland: http://www.fe.msk.ru/
Stockholm: http://www.xsse.se/
Swiss Exchange: http://www.bourse.ch/
Warschau: http://yogi.ippt.gov.pl/gielda/
Wien: http://www.vienna-stock-exchange.at/
Zagreb: http://www.zse.hr

Internationale Börsen

Wer in anderen Ländern investieren will, benötigt zuerst einmal Informationen aus erster Hand. Deshalb hier die Adressen einer Auswahl der großen internationalen Börsen.

Australien: http://www.asx.com.au/
American Stock Exchange: http://www.amex.com/
Boston: http://www.bostonstock.com/
Chicago: http://www.chicagostockex.com/
Hong Kong: http://www.sehk.com.hk/
Indien: http://www.nse-india.com/
Japan: http://www.tse.or.jp/
Kanada: http://www.me.org/
Korea: http://www.kse.or.kr/
NASDAQ: http://www.nasdaq.com/
New York: http://www.nyse.com/
Singapur: http://www.ses.com.sg/
Südafrika: http://www.jse.co.za/
Taiwan: http://www.tse.com.tw/

Historische Kurse

Die meisten Anbieter zeigen Kurse nur für zwei, einige wenige für fünf Jahre in die Vergangenheit.Wer gerne weiter zurück schauen möchte, findet unter den folgenden Web-Adressen Hilfe.

http://home.a-city.de/thomas.dill/boersdat/index.htm
http://members.aol.com/chartscr/
http://www.aktiencharts.de/
http://www.bwinvestment.de/
http://www.globalfindata.com/
http://www-public.tu-bs.de:8080/~y0003876/index.html

Analysen und Berichte

Der aktive Anleger muss dauernd Kurse überprüfen, Charts auswerten, Unternehmenszahlen bewerten, Märkte überblicken, Marktentwicklungen aufspüren und junge Unternehmen einordnen. Für alle diese Aufgaben ist das Internet das Medium der Wahl.

Wirtschaftsmagazine

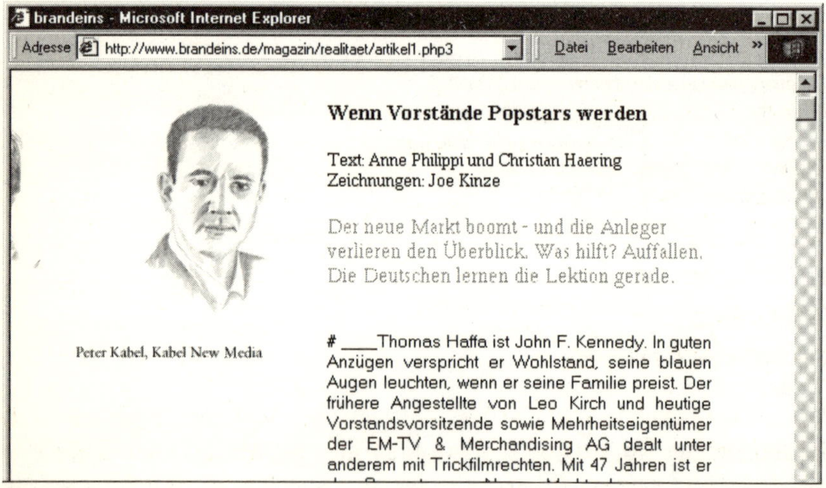

Magazin

brand eins

http://www.brandeins.de/

Ungewöhnliches Design uind ungewohnte Inhalte - so präsentiert sich „brand eins“. Die Web-Seiten sind wie das Magazin: gut recherchierte Reportagen, Interviews mit der deutschen Gründerszene und tiefenscharfe Analysen. Wer neben dem stündlichen Check seines Portfolios noch ein bisschen Zeit für das in Deutschland ungewöhnliche Genre „Wirtschaftsreportage“ hat, sollte hier vorbeischauen.

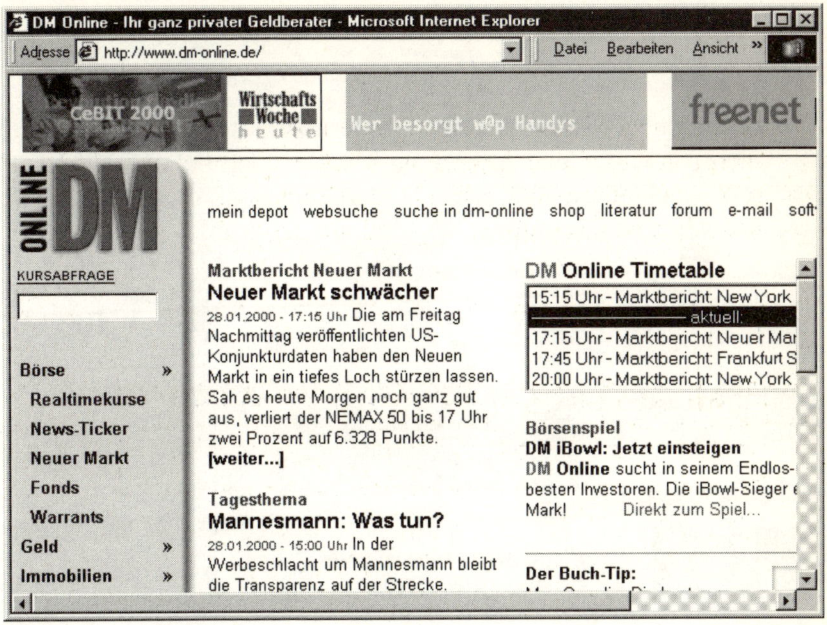

Magazin

DM Online

http://www.dm-online.de/

Ein umfangreiches Online-Angebot hat das Magazin DM im Web aufgebaut. Sie finden hier Nachrichten und Artikel zu allen Rubriken aus dem Heft. Unter „Börse" gibt es natürlich Kurse und Neuigkeiten zu Fonds, Aktien und Optionsscheinen.

Die Rubrik „Geld" versammelt Nachrichten und Hintergründe zu dem Themen „Versicherungen", „Steuern" und „Immobilienkauf".

Für Leute, die ihr Depot lieber nicht im Internet verwalten wollen, ist der Bereich „DM-Software" gedacht. Sie können hier zwei verschiedene und unterschiedlich teure Varianten der Depotverwaltungs-Software „DM Money Maker" bestellen.

Außerdem gibt es hier andere Software wie zum Beispiel ein Programm für die Steuererklärung.

Magazin

Financial Times

http://www.ftd.de/
http://www.ft.com/

Der Name „Financial Times" ist im Ausland das Synonym für Wirtschaftspresse. Nach langer Vorbereitungszeit ging im Frühjahr 2000 endlich die deutschsprachige „Financial Times" an den Start - im gewohnten lachsfarbenen Papier. Auch die Online-Ausgabe kommt nicht von der FT-Farbe los, daß die meisten Browser als Graurosa anzeigen. Die Funktionen unterscheiden sich kaum von der Konkurrenz: Kurse, Charts, Watchlisten, Termine, Analysen und so weiter. Die Online-Ausgabe wird regelmäßig aktualisiert und enthält jeweils die aktuellen Wirtschaftsmeldungen. Der große Unterschied zu vielen Konkurrenz-Sites: Die Artikel sind selbst recherchiert und präsnetieren die Themen oft etwas kritischer als die oft zu Euphorie neigenden Konkurrenzprodukte.

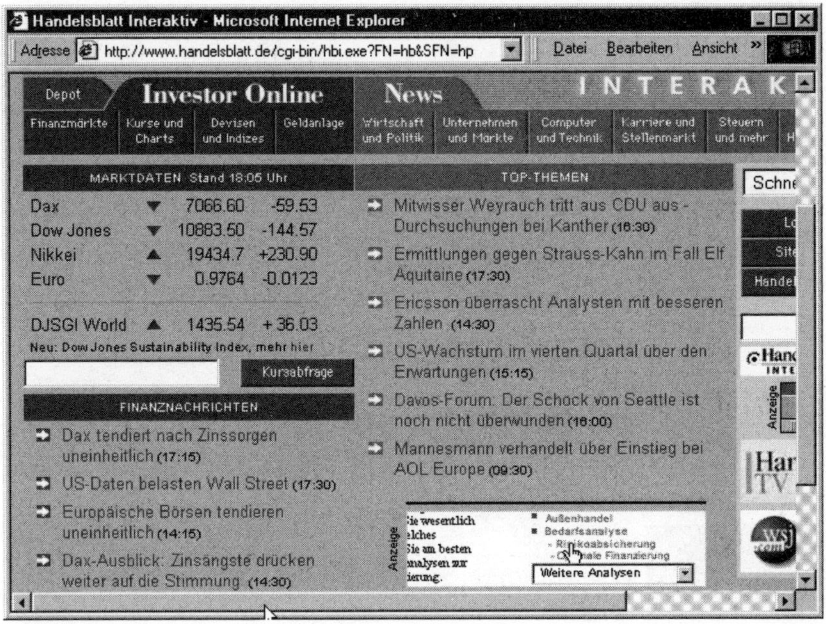

Magazin

Handelsblatt

http://www.handelsblatt.de/

Das Handelsblatt ist schon in der Druckversion als solides und umfangreiches „Werkzeug“ für Wirtschafts- und Finanznachrichten bekannt. Online setzt es diese Tradition als „Handelsblatt-Interaktiv“ fort. Es gliedert sich in die Bereiche „News“ und „Investor Online“. Der News-Bereich bringt Nachrichten, Ad-hoc-Meldungen, Hintergrundberichte, Analysen und Kommentare. Aausführliche Informationen zum Thema Börse und Geldanlage finden Sie bei „Investor Online“. Außerdem können Sie auf die Firmenprofile und Unternehmensdaten der Datenbanken des Handelsblattverlages zugreifen. Leider ist ein Teil des Angebots (unter anderem Komfortdepot, Analysen und Datenbanken) nicht kostenlos. Nach einer vierwöchigen Testphase wird der kostenpflichtige Bereich in Form eines Abonnements abgerechnet, das 26,- DM im Monat kostet.

Magazin

Manager Magazin

http://www.manager-magazin.de/

Ausführliche Nachrichten zu Politik, Wirtschaft und Weltgeschehen sind nur ein Teil des Angebots der Online-Ausgabe des „Manager Magazins“. Unter anderem können Sie auch einige Artikel aus der aktuellen Druckausgabe des Magazins lesen. Im Archiv gibt es außerdem alle Artikel der letzten sechs Druckausgaben online - ein sehr luxuriöser Service für Gelegenheitsleser des Blattes.

Neben aktuellen Marktberichten bietet das Produkt des Spiegel-Verlags auch Analysen, eine Depotverwaltung mit Echtzeitkursen, Hintergrundinformationen und aktuelle Zahlen zu Fonds sowie einige Wirtschaftsdatenbanken. Ein für Anleger interessantes Produkt ist eine Untersuchung der 500 größten deutschen börsennotierten Aktiengesellschaften nach Rendite, Sicherheit und Wachstum.

Magazin

Der Spiegel

http://www.spiegel.de/

Der „Spiegel“ ist den meisten als Nachrichtenmanagzin bekannt und gilt nicht gerade als Erfinder der ausführlichen Aktienanalyse. Doch die Online-Ausgabe ist eigentlich einen täglichen Besuch wert, da Sie nur hier einen ebenso gut lesbaren wie komprimierten Überblick über die Nachrichten des Tages erhalten. Behandelt werden das Geschehen in deutscher und internationaler Politik und Wirtschaft sowie neueste Meldungen aus Internet, Kultur und Wissenschaft.

Die Artikel kommen aus der Spiegel-Redaktion und sind bis 1994 zurück recherchierbar. Die bekannten „Enthüller-Qualitäten“ des Spiegel kommen online nur selten zum Zuge, doch die meist gut recherchierten Artikel vertiefen manch dürre Agenturmeldung um dringend notwendige Hintergründe.

Magazin

Wirtschaftswoche

http://www.wirtschaftswoche.de/

Im Online-Angebot der bekannten Wirtschaftszeitschrift „Wirtschaftswoche" finden Sie in der Rubrik „Börse" aktuelle Kurse, Charts, Ad-Hoc-Meldungen und Unternehmensnachrichten. Besonders interessant für Anleger sind die aktuellen Aktienanalysen aus der eigenen Redaktion sowie die ausführlichen Berichte über Neuemissionen.

Die Rubrik „Geld" widmet sich Hypotheken, Versicherungen und einem Vergleich von Investmentfonds. Unter „Steuern/Recht" finden Sie eine interessante Sammlung von Gerichtsurteilen zu den Themen, Steuern, Miete und Geldanlage. Außerdem haben Sie Zugriff auf eine Rechtsdatenbank mit Urteilen zu allen Rechtgebieten.

Börsenbriefe

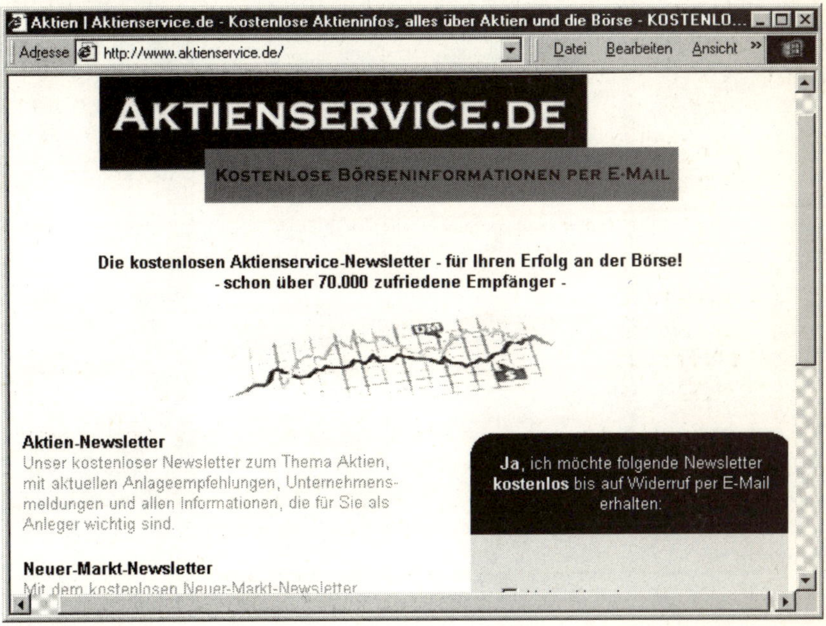

Börsenbrief

Aktienservice

http://www.aktienservice.de/

Bei „Aktienservice“ können Sie vier verschiedene Newsletter abonnieren. Die Börsenbriefe sind kostenlos und werden einmal wöchentlich per E-Mail an Sie versandt. Der „Aktien-Newsletter“ enthält aktuelle Anlageempfehlungen, Unternehmensmeldungen und weitere Informationen, die für Sie als Anleger wichtig sind. Hier finden Sie vor allem fundamentale und technische Analysen des Dax sowie der großen deutschen und europäischen Standardwerte. Der „Neuer-Markt-Newsletter“ widmet sich den eher spekulativen Aktien des Frankfurter Neuen Marktes. Der „Investmentfonds-Newsletter“ widmet sich der Geldanlage in Investmentfonds und der „IPO-Newsletter“ informiert Sie über alle aktuellen Neuemissionen.

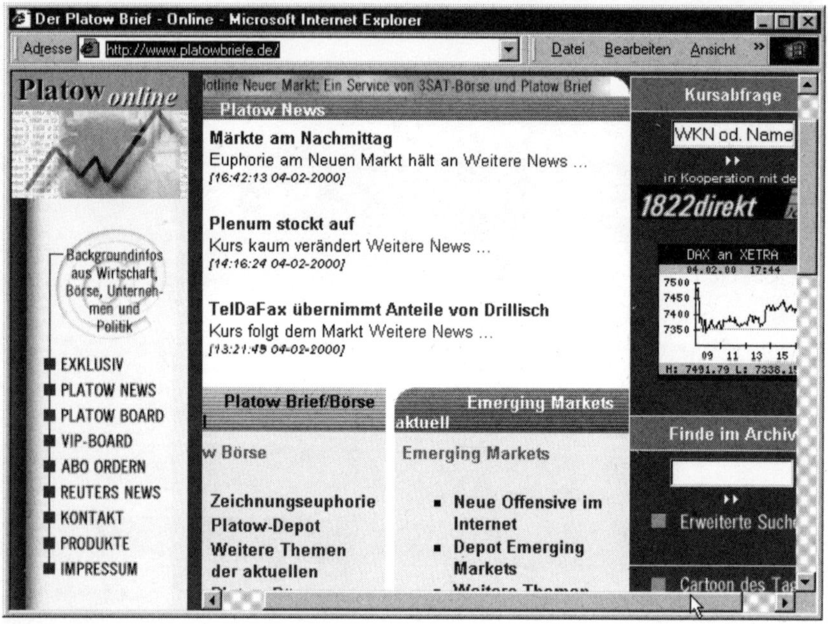

Börsenbrief

Platow-Brief

http://www.platowbriefe.de/

Der Platow-Brief ist mit 55 Jahren der älteste und auflagenstärkste Wirtschafts-Hintergrunddienst in deutscher Sprache. Er erscheint dreimal in der Woche mit jeweils 4 Seiten. Schwerpunkte der Exklusiv-Berichte sind die Finanzmärkte, wirtschaftliche sowie politische Themen. Als Ergänzung wird dem Platow-Brief an jedem Mittwoch ein Immobilienteil beigelegt. Der zweite Börsenbrief des Anbieters, „Platow-Börse“, ist ein Börsen-Informationsdienst, der sich auf Wachstumswerte des Neuen Markts, des Smax, sowie aussichtsreiche Nebenwerte spezialisiert hat. „Platow-Börse“ erscheint ebenfalls dreimal in der Woche mit jeweils 4 Seiten und kann einzeln oder in Kombination mit dem Platow Brief bezogen werden. „Platow Emerging Markets“ (einmal in der Woche 8 Seiten) nimmt weltweit interessante Schwellenmärkte ins Visier.

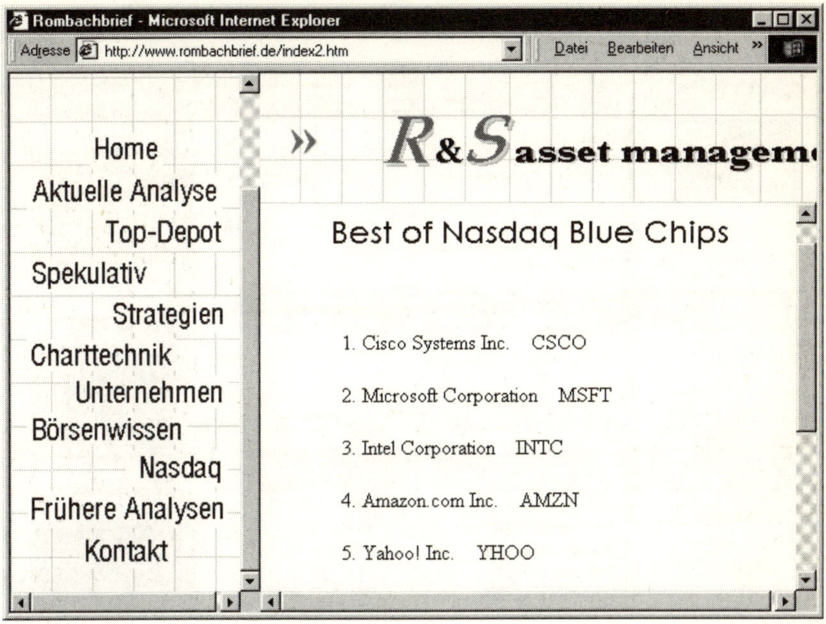

Börsenbrief

Rombach-Brief

http://www.rombachbrief.de/

Der „Rombach-Brief" ist ein Online-Börsenbrief, der sich ausschließlich den Aktien der US-Wertpapiermärkte widmet. Sie finden hier sowohl Hinweise zu Anlagestrategien als auch Analysen von US-Standwerten und NASDAQ-Aktien.

Die Infos sind seriös-konservativ: Der oft „vergessene" Hinweis, das jährliche Wertsteigerungen von 80% oder mehr eine reine Ausnahme sind, fehlt hier nicht.

Für langfristig orientierte Anleger, die eher an Ihre Altersversorgung als an anderes denken, ist das „Top-Depot" empfehlenswert, das vorwiegend in US-Werte investiert ist. Ein spekulatives Depot gibt es ebenfalls, dass nur in der NASDAQ investiert ist. Hier ist allerdings mehr der Trader als der langfristig denkende Investor gefragt.

Börsenbrief

The Bulls

http://www.the-bulls.com/

Ein Börsenbrief für den Bullenmarkt ist „The Bulls". Darin erhalten Sie wichtige Informationen über den Neuen Markt, die EASDAQ und NASDAQ, die interessantesten Neuemissionen und vieles mehr.

Neben dem per Mail ausgelieferten kostenlosen Börsenbrief finden Sie im Web-Angebot des Finanzdienstleisters ein wachstumsorientiertes Musterdepot, ein Diskussionsforum, Kurstabellen und einen Buchladen mit über 300 Börsenbüchern.

Besonders interessant sind die Spezialreports, in denen einzelnen Firmen, Branchen oder Märkte genauer unter die Lupe genommen werden.

Neuemissionen

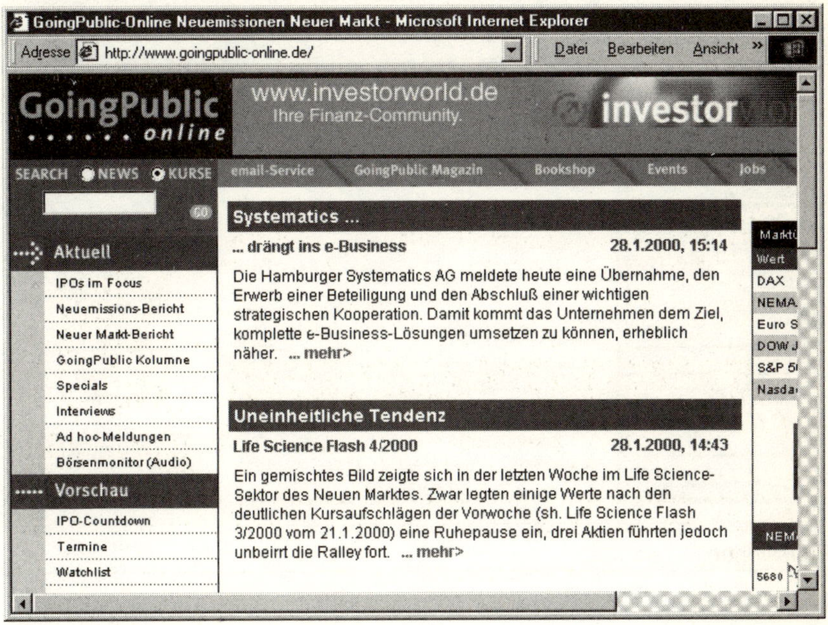

Emissionen

GoingPublic

http://www.goingpublic-online.de/

Das Neuemissionsmagazin „GoingPublic" bietet Terminübersichten zu allen aktuell anstehenden Plazierungen sowie ausführliche Berichte und Statistiken zu bereits erfolgten Börsengängen. Das Angebot wendet sich in erster Linie an Privatanleger, die sich rasch und dennoch gründlich über die Vielzahl neuer Aktien kundig machen wollen. GoingPublic-Online berichtet tagesaktuell über alle Neuemissionen in Deutschland und den Neuen Markt. Ein besonderer Service verbirgt sich hinter dem Stichwort „Analyse": Die GoingPublic-Datenbank enthält ausführliche Statistiken und Analysen zu allen Werten des Neuen Marktes und den Neuemissionen aller Börsensegmente der letzten zwei Jahre.

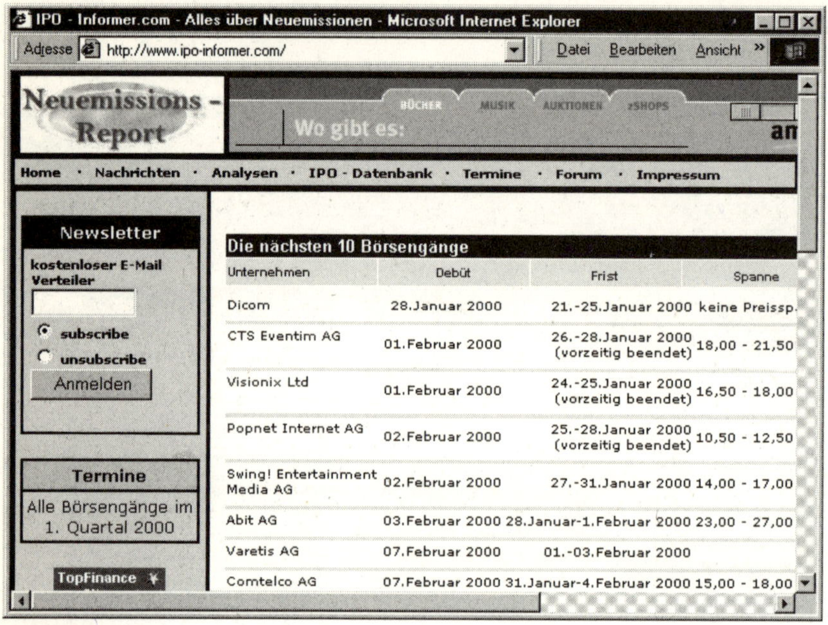

Emissionen

IPO-Informer

http://www.ipo-informer.com/

Der „IPO-Informer", auch unter dem Namen „Neuemissionsreport" bekannt, setzt auf die altbekannte Weisheit: In der Kürze liegt die Würze. Er ist ein knapp gehaltenes, aber umfassendes Online-Magazin zur Information über alle aktuell anstehenden Börsengänge.

In der Rubrik „Nachrichten" sehen Sie die Nachrichten aller wichtigen Nachrichtenagenturen zu den Emittenten. Bei „Analysen" finden Sie einige redaktionelle Beiträge zu verschiedenen jungen Firmen oder zum Marktgeschehen. Die „IPO-Datenbank" präsentiert alphabetisch sortiert die Namen aller bereits bekannten Emittenten. Nach einem Klick erhalten Sie ausführliche Informationen wie Web-Adresse, Finanzdaten, Zeichnungsfristen, Preisspanne und erstem Handelstag.

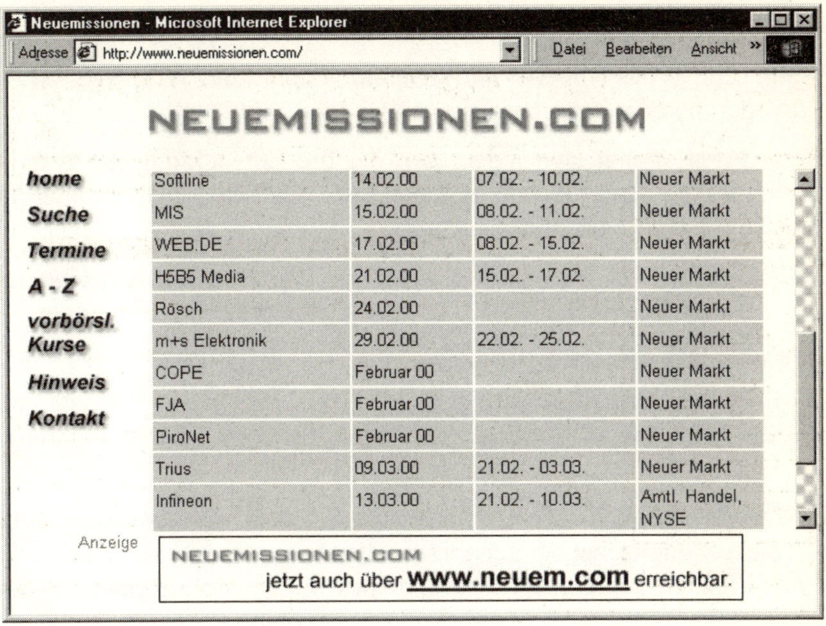

Emissionen

Neuemissionen.com

http://www.neuemissionen.com/

“Neuemissionen.com“ ist eine einfach gehaltene, aber ausführliche Informationsseite für alle Börsengänge in Deutschland. Das Web-Angebot präsentiert die Infos übersichtlich in Form einer Tabelle. Nach einem Klick sehen sie die wichtigsten Basisdaten.

Eine sehr wichtige Information finden Sie ebenfalls hier: Die sogenannten Graumarktkurse. Dabei handelt es sich um Kurse aus dem vorbörslichen Handel. Diese Kurse weisen in der Regel gut drauf hin, wie sich der Preis der Aktie in der ersten Stunde am ersten Handelstag entwickeln kann. Allerdings sind sie mit Vorsicht zu genießen, da sie nichts über die tatsächliche Entwicklung aussagen. Zumindest deuten große Abstände zur Preisspanne auf eine vermutlich sehr erfolgreiche Emission hin.

Online-Informationen

Wann schlägt das Angebot an Finanzinfos im World Wide Web in Überforderung oder gar Überdruss um?

Diese Frage drängt sich jedem auf, der die Entwicklung der Rubrik „Finanzen" in den großen Web-katalogen wie Web.de, DINO oder Yahoo seit 1997 beobachtet.

Eine stark auf das Wesentliche reduzierte Auswahl aus dem Überangebot finden Sie auf den weiteren Seiten dieses Abschnittes.

Alles zu US-Aktien

- Kostenfreie Realtime-Kurse von US-Werten, Charts, Portraits und Analysen finden Sie unter *http://www.freerealtime.com/*. Achtung: Eine Registrierung ist notwendig.
- Das Web-Angebot von *http://www.thestandard.com/* unterrichtet Sie auf englischer Sprache über Alles, was mit Internet-Aktien zu tun hat. Ein ähnliches, tagesaktuelles Informationsangebot finden Sie unter *http://www.internetstockreport.com/*
- Berichte über aktuelle Entwicklungen, Meldungen, Analysen und Markttechnik finden Sie unter *http://www.thestreet.com/*. Das Angebot lädt zum Abo von zwei E-Mail-Newslettern pro Tag ein.
- Bei *http://www.nasdaqtrader.com/* finden Sie aktuelle Berichte und Analysen zum Geschehen an der US-Technologiebörse.
- Die besten Infos über das Geschehen unter den US-Standardwerten finden Sie (allerdings gegen Gebühr) beim Wallstreet Journal unter *http://www.wsj.com/*.
- Ebenso umfassend, aber auch kostenlos ist das „Financial Network" von CNN, das Sie unter *http://www.cnnfn.com/* erreichen.

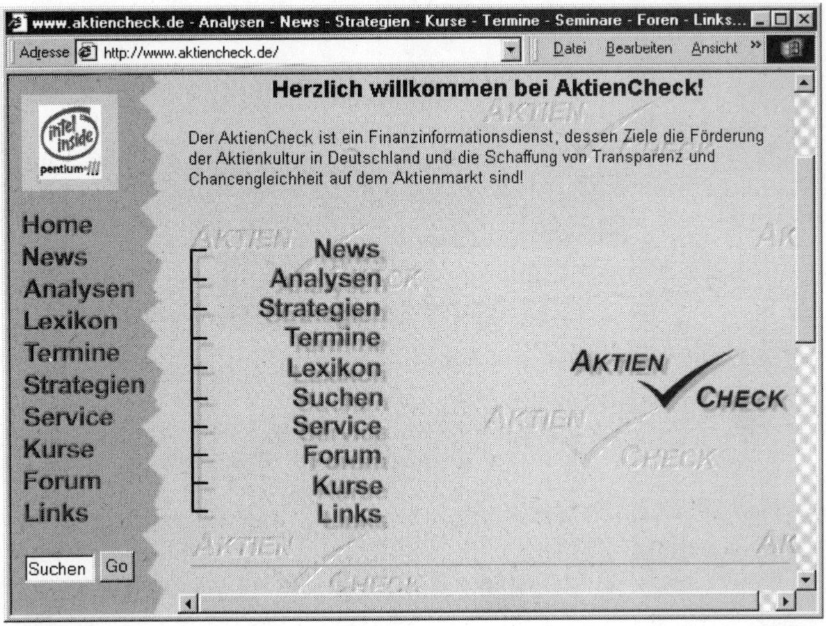

Überblick

AktienCheck

http://www.aktiencheck.de/

Der Online-Dienstleister „AktienCheck“ ist ein Finanzinformationsdienst, der sich hehre Ziele auf die Fahnen geschreiben hat: Es geht ihm um die Förderung der Aktienkultur in Deutschland und die Schaffung von Transparenz und Chancengleichheit auf dem Aktienmarkt.

Das Web-Angebot führt Sie mit einer übersichtlichen und einfach zu bedienenden Benutzeroberfläche zu allen wichtigen Informationen über den Aktienmarkt. Hinter der Rubrik „News“ verbirgt sich eine Sammlung von Ad-Hoc-Meldungen, Marktberichten und tagesaktuellen Firmennachrichten. Die Rubrik „Analysen“ bietet alle Analysen der wichtigen deutschen und internationalen Bankhäuser. Sie sind auch per Mail als Newsletter zu abonnieren.

Überblick

Bloomberg

http://www.bloomberg.de/

Bloomberg ist ein internationaler und in allen Medien vertretener Finanzdienstleister, der neben einem Beratungs-Service auch ein eigenes Radioprogramm, eigene TV-Sendungen sowie Bücher und Magazine anbietet. Auf seinen deutschsprachigen Webseiten finden Sie neben einer Möglichkeit, die tagesaktuellen Aktienkurse, Anleihenzinsen und Währungskurse zu verfolgen, in der Rubrik „Märkte" auch den „Market Monitor". Dahinter verbirgt sich eine Web-Anwendung, in der Sie die Performance von bis zu 10 Aktien oder Indizes verfolgen können. Die Rubrik „Berichte" enthält aktuelle Analysen und Hintergrundinfos, die von der Bloomberg-Redaktion zusammen gestellt und geschrieben werden. Sie finden hier also nicht die immer gleichen Agenturmeldungen, sondern eigenständige Analysen, die Sie als Ergänzung zu den anderen Infoangeboten lesen sollten.

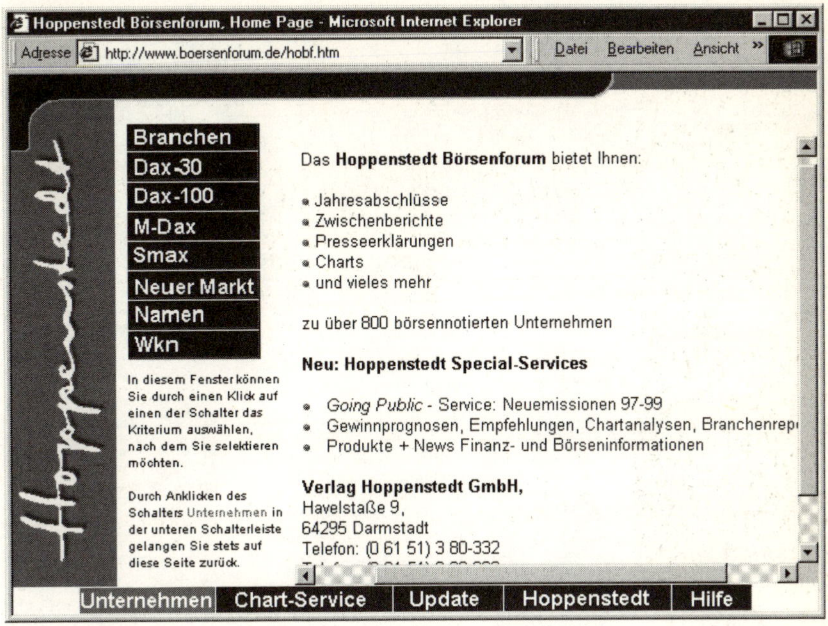

Überblick

Börsenforum

http://www.boersenforum.de/

Das Börsenforum ist ein kostenloses Angebot des bekannten Wirtschaftsverlages Hoppenstedt. Sie finden hier mehr als 700 Jahresabschlüsse von deutschen börsennotierten Unternehmen, umfangreiche Informationen über die aktuelle Unternehmenslage, die Darstellung von Konzepten, Strategien und Zahlen im Jahresvergleich, Lageberichte, letzte Aktionärs- und Zwischenberichte von über 80 Werten, wichtige Tabellen wie zum Beispiel Bilanzen, Gewinnprognosen, Empfehlungen, Chartanalysen, Branchenreports und Bewertungstabellen für den Neuen Markt. In einem speziellen Dienst für Neuemissionen werden alle neuen Emittenten seit 1997 mit den wichtigsten Daten wie Emissionspreis, erster Handelspreis und aktueller Preis vorgestellt. Gleichzeitig können Sie zu diesen Firmen auch Bilanzen und andere Firmeninfos abrufen.

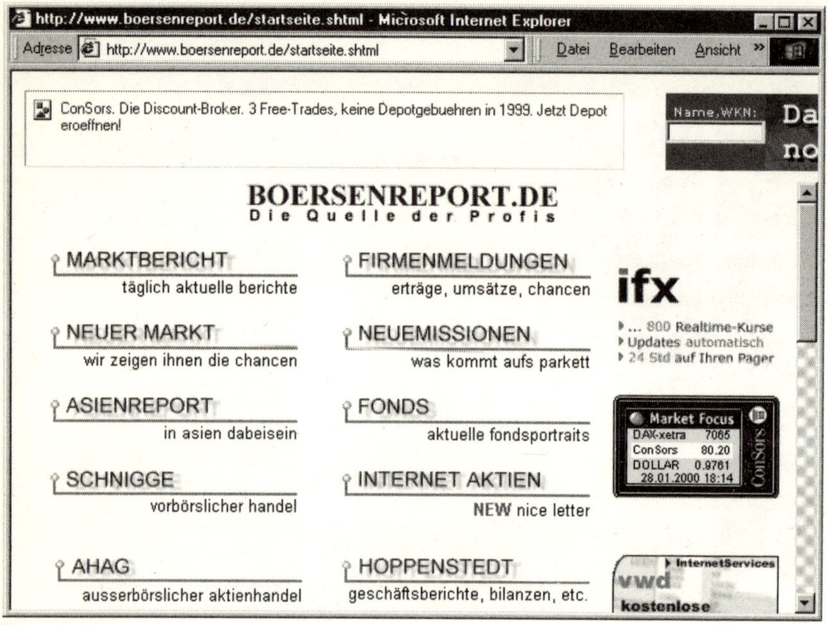

Überblick

Börsenreport

http://www.boersenreport.de/

Der Börsenreport ist ein Finanzdienstleister mit einem umfangreichen Angebot rund um Aktien und Fonds weltweit. Sie finden hier wie bei vielen anderen Anbietern Marktberichte, aktuelle Meldungen und Aktienanalysen. Daneben gibt es Links zu Hoppenstedt-Angeboten und Infos zum außer- und vorbörslichen Aktienhandel.

Es gibt jedoch einen entscheidenden Unterschied zu vielen anderen Anbietern: Die Analysen werden vom Börsenreport-Team und einigen Gastautoren selbst geschrieben. Sie finden hier also nicht die unvermeidlichen Bankanalysen, sondern ähnlich wie bei einem Börsenbrief eigene Überlegungen. Dies und der wöchentlich erscheinende Newsletter zu Internet-Aktien („Nice*Letter“) machen das Börsenforum zu einem Pflichtbesuch für wachstumsorientierte Anleger.

Überblick

Business Channel

http://www.business-channel.de/

Der „Business Channel“ ist ein Online-Magazin des Verlages Gruner + Jahr mit Infos der Magazine „Börse online“, „Capital“, „Bizz“ und „impulse“. Das Gemeinschaftsangebot bietet unter anderem Artikel aus den Druckausgaben.

Außerdem erfahren Sie hier aktuelle Kurse von Aktien und Fonds, können sich Charts anzeigen lassen und Marktberichte lesen. Als zusätzlichen Service gibt es die Möglichkeit, ein eigenes „Depot“ aus Wertpapieren anzulegen und so die Kursentwicklung ausgewählter Werte zu verfolgen.

Besonders interessant sind die jederzeit aktuellen Reuters-News zum Thema Wirtschaft und der „Graumarktreport“, der über unseriöse Anbieter von Finanzdienstleistungen informiert.

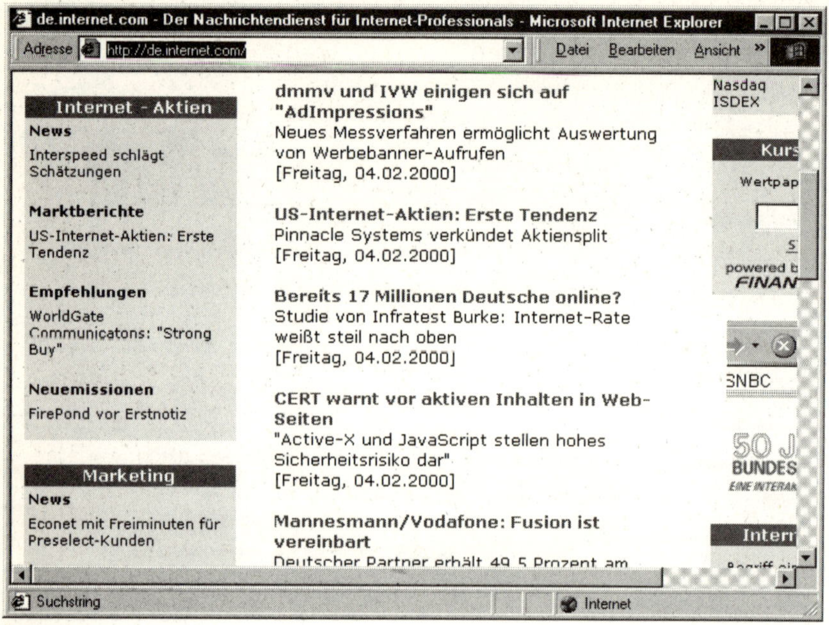

Überblick

Internet-Aktien

http://de.internet.com/

Nichts ist so alt wie der Internet-Hype der letzten Viertelstunde. Wer in Internet-Firmen investiert, sollte mindestens 25 Prozent seiner Aufmerksamkeit diesem Web-Angebot widmen. Sonst könnten Sie ein paar wichtige Entwicklungen verpassen. Im Internet können Trends so schnell entstehen, wie eine Silvesterrakete hochgeht - leider können sie auch ebenso schnell wieder verglühen.

Wer bei den prinzipiell außergewöhnlich profitablen Internet-Firmen nicht aufpasst, kann ähnliche Überraschungen erleben wie die Ebay-Aktionäre, die während eines stundenlangen Ausfalls der Auktions-Server runde 30 Prozent Kursverlust hinnehmen mussten. Probleme führen sofort zum Verkauf. Mit dem Angebot von „de.internet.com" bleiben Sie jedenfalls immer auf dem Laufenden.

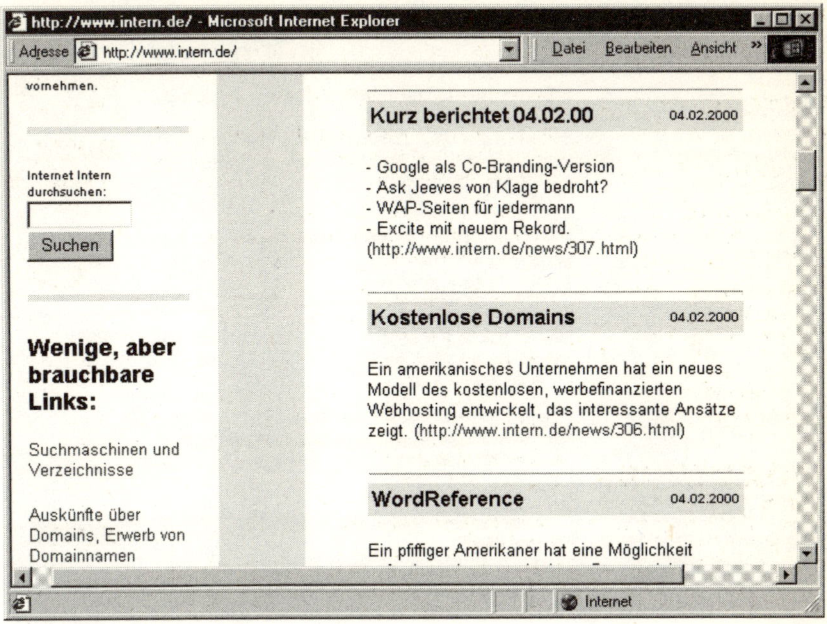

Überblick

Internet intern

http://www.intern.de/
http://www.heise.de/

Das Online-Magazin „Internet intern“ bietet Nachrichten, Hintergrundberichte, Reportagen und Interviews aus dem Netz. Eigentlich hat dieses verdienstvolle E-Zine gar nichts mit Geldanlage zu tun. Doch wer in Internet-Aktien investiert und einigermaßen überblicken möchte, was sich heute morgen (oder seit dem Morgen) im Netz getan hat, der muss „Internet intern“ zur Pflichtseite machen.

Ein ähnliches Angebot finden Sie unter der zweiten Web-Adresse beim Heinz Heise Verlag in Hannover. Dieser Verlag gibt die definitive PC-Zeitschrift (c‘t) und das definitive Cyber-Zine (Telepolis) heraus. Außerdem finden Sie hier minutenaktuelle Nachrichten zu allen Computer-Themen - womit Sie bereits eine zweite Pflichtseite haben.

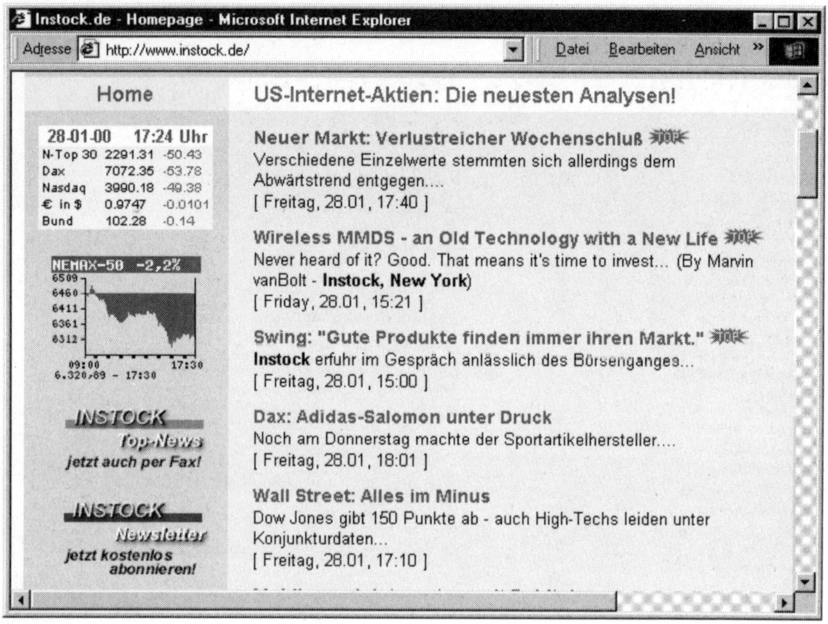

Überblick

Instock

http://www.instock.de/

Das Informationsangebot von „Instock" richtet sich an Anleger, die sich für wachstumsstarke deutsche Aktiengesellschaften interessieren. Der Neue Markt, Neuemissionen und interessante Aktien der 2. und 3. Reihe stehen im Vordergrund der Berichterstattung.

Seinen Besuchern bietet „Instock" Nachrichten und Hintergrundinfos Aktuelle Statements aus den Vorstandsetagen und marktfrische Einschätzungen von renommierten Analysten und Experten runden das Angebot ab. Wichtige Marktsegmente werden in neuen und „nichtamtlichen" Indizes zusammengefasst. Bereits tagesaktuell berechnet wird der „N-Top 30", in dem die 30 Schwergewichte des Neuen Markts versammelt sind.

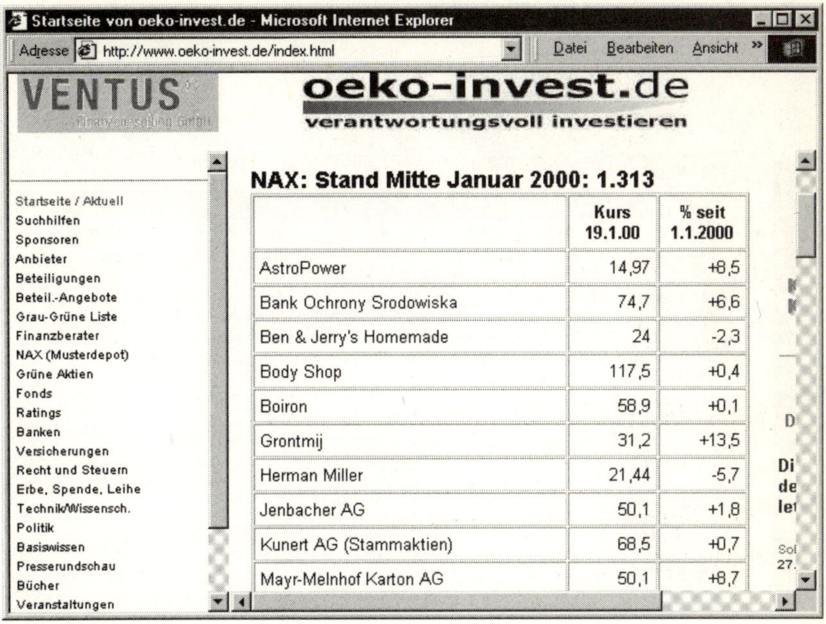

Überblick

Öko Invest

http://www.oeko-invest.de/

Der Web-Finanzdienstleister „Öko Invest“ informiert über das Investment in Firmen, die ökologisch sinnvolle Produkte anbieten - zum Beispiel Anlagen zur Erzeugung von Solarstrom oder den bekannten Body Shop. Das Angebot umfasst Hintergrundinformationen zu Aktien, Fonds, Versicherungen und Direktbeteiligungen. Sie finden hier außerdem aktuelle Meldungen und Hintergrundinfos.

Anfang der 90er Jahre gab es nur wenige „ethische Investments“ auf dem Kapitalmarkt: Die Frankfurter Ökobank hatte sich gegründet, erste Windkraftfonds sammelten Kapital. Umweltaktien-Fonds gab es; sie fanden aber wenig Zuspruch. Inzwischen hat sich die Szenerie verändert, so dass „Öko Invest“ auf eine große Palette an Finanzprodukten verweisen kann.

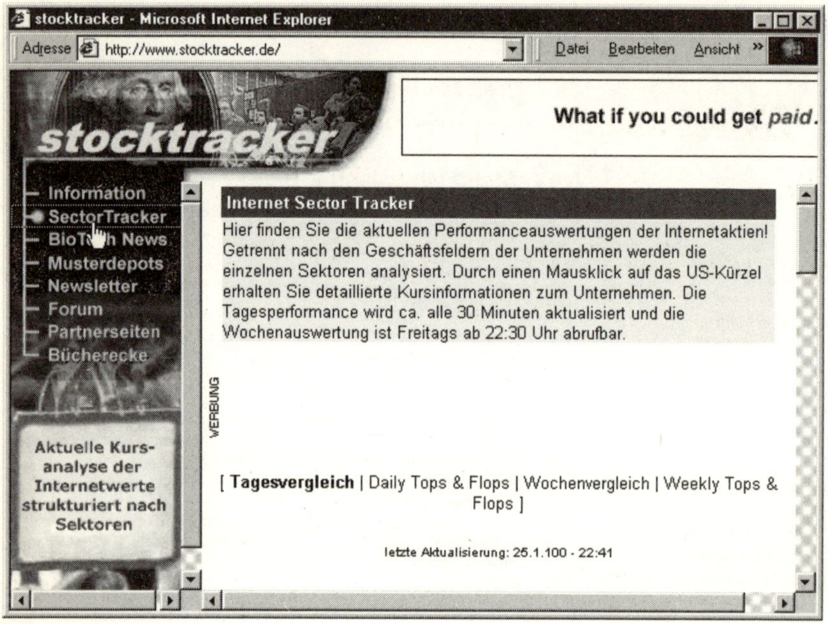

Überblick

Stocktracker

http://www.stocktracker.de/

Auf Aktien aus den Bereichen Aktien Internet, Japan und der Biotechnologie hat sich „Stocktracker" spezialisiert. Der Web-Finanzdienstleister bietet ausführliche Infos unter einer übersichtlichen und einfach zu bedienenden Benutzeroberfläche an.

Der Sektor-Tracker bietet aktuelle Performanceauswertungen der Internet-Aktien. Getrennt nach den Geschäftsfeldern der Unternehmen werden die einzelnen Sektoren analysiert. Diese Info wird etwa alle 30 Minuten aktualisiert.

Die Bereiche Internet, BioTech und Japan werden in jeweils einem Musterdepot überwacht. Ein Mail-Newsletter informiert Sie über Neuigkeiten aus dem Web-Angebot, bringt Nachrichten über kursbewegende Ereignisse und News zu den Musterdepots.

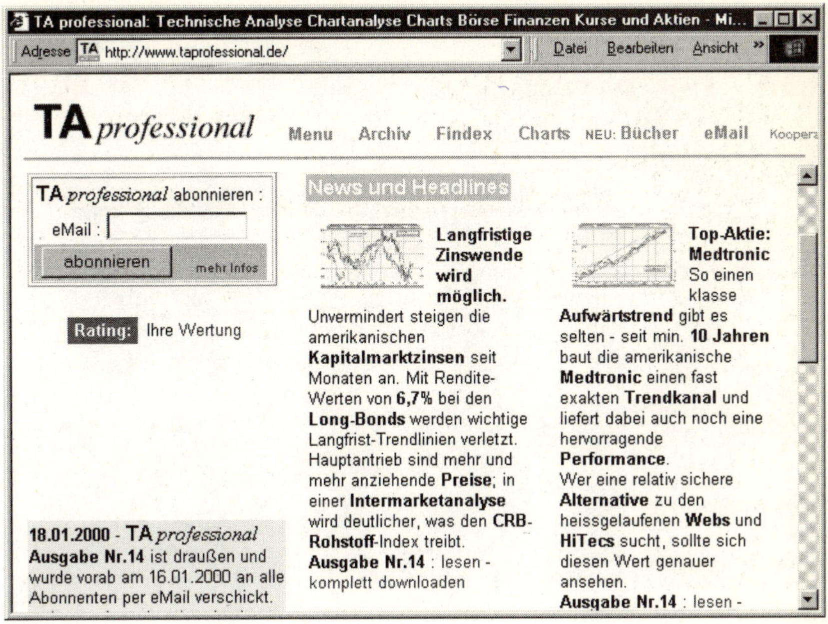

Überblick

TA Professional

http://www.taprofessional.de/

“TA Professional“ ist ein kostenloses Online-Magazin für die Technische Analyse. Jede Woche, auf Wunsch auch bequem per E-Mail gibt professionelle Chart-Technikinfos. Sie finden unter anderem wöchentlich aktualisierte Charts der bedeutendsten Indizes und Devisen - unter anderem zu DAX, NEMAX, Dow-Jones, NASDAQ, EURO STOXX und der Umlaufrendite des Rentenmarkts.

Das Online-Magazin „TA Professional“ richtet sich eigentlich an Profis, die ein Point & Figure Chart auf einem Blick interpretieren können und denen Begriffe wie „Symetric Triangle“ etwas bedeuten. Doch wegen der sehr vielen Charts und einiger eher allgemeinverständlicher Rubriken gehört das Magazin zum Pflichtprogramm für jeden wachstumsorientierten Anleger.

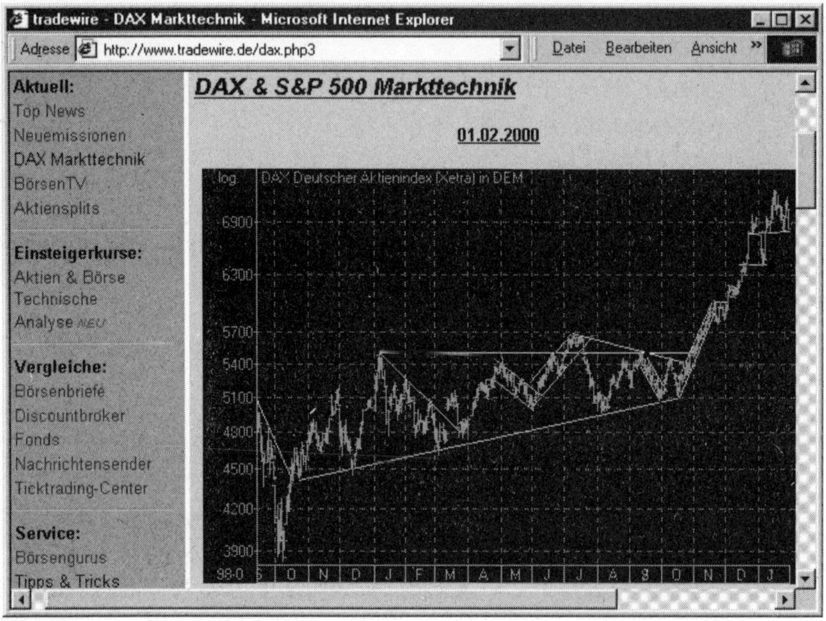

Überblick

Tradewire

http://www.tradewire.de/

Der „Tradewire" ist ein Magazin für die ständig wachsende Gemeinde der Daytrader. In der Redaktion des Magazins filtern erfahrene Daytrader und Journalisten für Sie die Nachrichten aus über 30 nationalen und internationalen Pressequellen.

Der Service der Redaktion wächst ständig: Es gibt hier Infos über Neuemissionen, Tips und Tricks aus der Börsenwelt und ein Börsenlexikon. In einem Einsteigerkurs finden Sie alle Hintergrundinformationen und sowie in einer Trader-FAQ alle wichtigen Einsteigerinformationen für angehende Daytrader.

Aus Kurzporträts nationaler und internationaler Wertpapierexperten können Sie sich in der Rubrik „Erfolgsrezepte der Börsenprofis" Anregungen zur richtigen Aktienanlage holen.

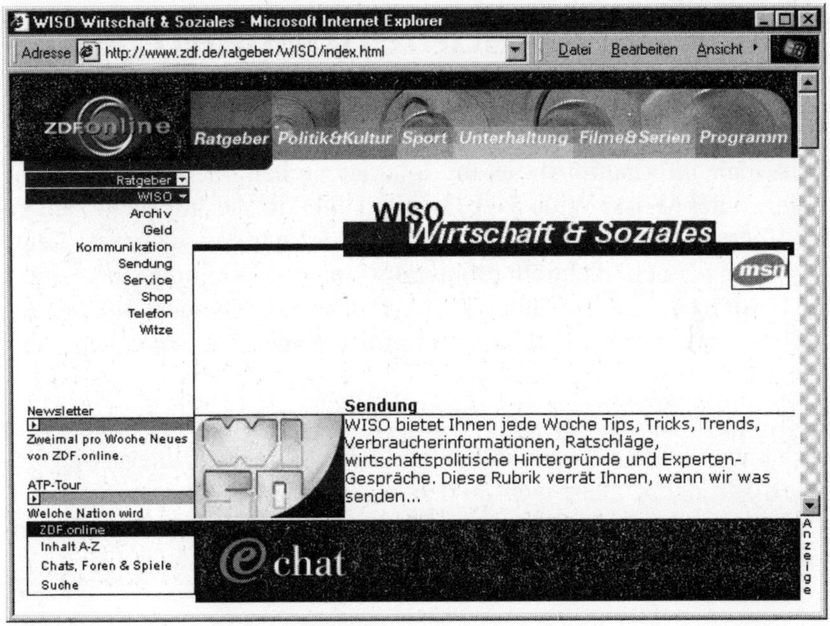

Überblick

WISO - das ZDF-Wirtschaftsmagazin

http://www.zdf.de/ratgeber/WISO/index.html

Die TV-Sendung WISO des ZDF bietet jede Woche Tips, Tricks, Trends, Verbraucherinformationen, Ratschläge, wirtschaftspolitische Hintergründe und Experten-Gespräche. Im Internet bietet die Redaktion des Magazins einen Ausblick auf die Themen der Sendungen im TV sowie Informationen zu verschiedenen Themen wie Euro, Existenzgründung, Aktien, andere Geldanlagen oder einen Vergleich von Hypotheken und Ratenkrediten. Besonders interessant ist das Internet-Sparbuch. Es ist eine schnelle und einfache interaktive Web-Anwendung, mit der Sie Ihre Einkommensteuererklärung online und ohne Installation von zusätzlicher spezieller Steuersoftware erstellen können. Laut Stiftung Warentest schnitt das Wiso-Sparbuch 1999/2000 am besten von den verglichenen Programmen ab.

7. Wirtschaftsdatenbanken

Trotz der Informationsfülle im Internet stoßen Sie schnell an die Grenzen des World Wide Web. Leider sind dort die Informationen einer Vorauswahl unterzogen: Angeboten wird nur das, was viele Leute anzieht und sich dadurch problemlos mittels Werbung finanzieren lässt. Anleger, die sich über etwas exotischere Themen informieren wollen, merken schnell, dass viele Informationen auf den ersten Blick sehr dünn gesät sind.

Doch auch Infos wie zum Beispiel die Daten einer nicht sehr beklannten mexikanischen Aktiengesellschaft sind im Internet zu finden, allerdings zumeist nicht in den kostenlosen Angeboten. Statt dessen müssen Sie sich in kommerziellen und nicht kostenlosen Datenbanken umschauen.

Was sind Datenbanken?

Eine Datenbank ist im Prinzip nichts weiter als eine Art „elektronisches Buch", in dem Informationen zu bestimmten Themen stehen. Das wichtigste dabei: Sie können nach diesen Informationen suchen.

Die einfachste Form einer Datenbank ist eine Anschriftendatenbank: Alphabetisch sortiert verzeichnet Sie Postdressen und wirft bei Angabe eines Namens die zugehörige Anschrift und oft auch die Telefonnummer aus. Die beliebten Telefon-CDs sind ein gutes Beispiel dafür.

Eine Datenbank ist eine einzelne Datei oder eine Gruppe von Dateien, in denen Informationen in festgelegter Form gespeichert werden. Eine Datenbank ist im Prinzip wie eine Tabelle aufgebaut: Den Spalten entsprechen die Datenfelder, den Zeilen die Datensätze.

Ein Datenfeld ist die kleinste „Einheit“ einer Datenbank, die Informationen enthält und für die Suche nach diesen Informationen verwendet werden kann. Jedes Datenfeld besitzt eine festgelegte Länge. Informationen, die länger sind als ein Datenfeld, können nicht eingetragen werden.

Ein Datensatz ist eine Gruppe von inhaltlich zusammengehörigen Datenfeldern. Ein Beispiel: In einer Adressdatenbank sind die Informationseinheiten Name, Straße und Ort in jeweils ein dafür reserviertes Datenfeld eingetragen.

Eine Postadresse ist ein Datensatz in dieser Datenbank. Mit diesem Modell einer einfachen Datenbank, die aus einer Tabelle besteht, können Sie keine komplizierten Daten speichern. Sie stoßen recht schnell an die Grenzen dieses Modells.

Heutzutage wird für die Speicherung zusammenhängender, strukturierter Daten das Modell der relationalen Datenbanken benutzt. Eine relationale Datenbank besteht aus einer Reihe von kleinen Datentabellen, deren einzelne Inhalte in bestimmten Relationen zueinander stehen - so gibt es zum Beispiel einen Kunden, aber viele Bestellungren dieses Kunden. Eine relationale Datenbank besteht aus 2 Datentabellen: Einer Kundentabelle und einer Tabelle mit den Bestellungen.

Dieses relationale Datenmodell ist sehr flexibel und elegant. Doch es reicht nicht in allen Fällen aus. Nicht immer können die zu speichernden Daten in Datentabellen, Datenfelder und den Relationen zwischen ihnen aufgelöst werden. Oft ist eine relationale Datenbank zu starr, um heterogene Daten sinnvoll zu erschließen.

Eine Lösung dieser Probleme bietet eine Freitextdatenbank. Mit ihr werden die Daten ohne jede Aufteilung in Datenfelder gespeichert. In Freitextdatenbanken ist jeder Datensatz ein nicht weiter unterteilter „Container“ für beliebig viele Daten. Mit Hilfe eines Freitextsuchsystems („Fulltext-Retrieval“ im technischen Jargon) kann diese Datenbank anhand völlig beliebiger Kriterien durchsucht werden.

Datenbankanbieter im Internet

Der Zugriff auf Online-Datenbanken kostet recht viel Geld. Im Grunde sind die hohen Preise für einen Datenbankzugang verständlich: Irgendwer muss die Daten auswerten, eingeben und unter Umständen einen kurzen erklärenden Text dazu verfassen.

Es gibt eine große Zahl an deutschen und internationalen Datenbankanbietern, die ihren Service auch über das Internet anbieten. Grob geschätzt haben Sie im Internet auf mindestens 3.000 „wichtige" Datenbanken Zugriff. Berechnet werden Kosten pro Suche, pro Dokument und zum Teil für die Online-Zeit.

Der Zugang geschieht über eine geschützte Seite, in der Sie einen Benutzernamen und ein Kennwort angeben müssen. Dies erhalten Sie nach Anmeldung über eine spezielle Formularseite. Bei einzelnen Anbietern wird dafür eine Gebühr von etwa 20-40 Mark fällig. Für Gelegenheitsrechercheure ist das sicher nichts.

Ob Sie die kommerziellen Datenbankanbieter nutzen wollen, bleibt Ihnen und Ihrem Taschenrechner überlassen. Für alle Fälle hier nun eine Liste mit den WWW-Adressen der wichtigsten Datenbankanbieter:

- *http://www.gbi.de.* GBI ist ein Datenbankanbieter mit über 120 Datenbanken. Der Schwerpunkt liegt auf Pressearchiven und bibliografischen Datenbanken. Die Preise für ein einzelnes Dokument (Fundstelle) sind sehr unterschiedlich. Bei Literaturdatenbanken und Zeitungsarchiven liegen Sie im Mittel bei 3 DM; für Firmeninformationen werden teilweise über 20 DM fällig.

- *http://www.genios.de.* Genios hat das Spezialgebiet Wirtschaftsinfos und Pressearchive. Sie können dort in über 300 Datenbanken recherchieren. Die Preisstruktur ist ähnlich wie bei GBI: Bei den Pressearchiven kostet ein Dokument zwischen 3,60 DM und 5,40 DM, Firmenadressen kosten zwischen 3 DM und 6,60 DM, Bilanzen und andere Wirtschaftsinfos kosten zwischen 30 und 78 DM.

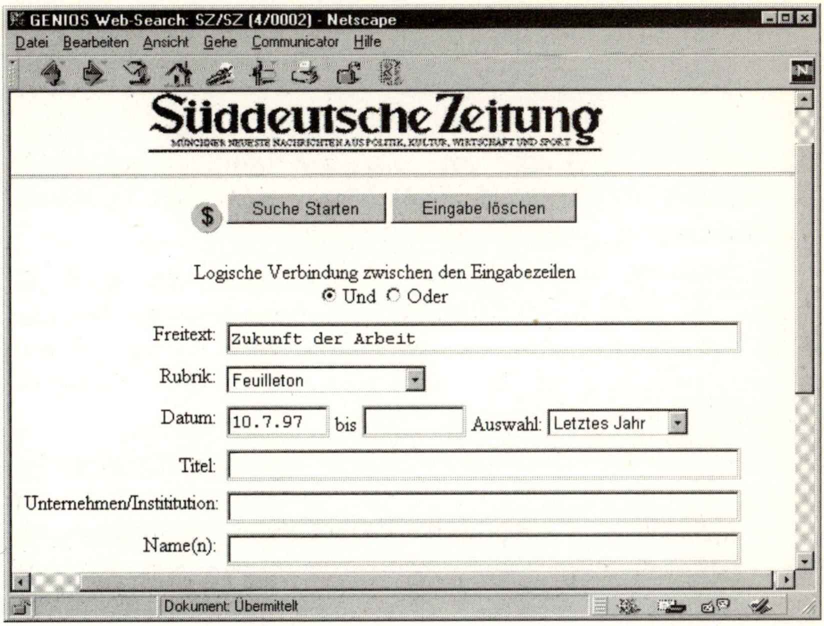

Der Datenbankzugang von GBI

- *http://www.fiz-karlsruhe.de.* Das Fachinformationszentrum Karlsruhe ist der deutsche Anbieter der über 200 Datenbanken von „STN International“. Mit Hilfe von STN-Easy (http://stneasy.fiz-karlsruhe.de/) können Sie kostengünstig in einigen STN-Datenbanken recherchieren. Die Preise liegen hier zwischen 4 und 7 DM pro angezeigtem Dokument. Auch beim FIZ sind Wirtschaftsinformationen deutlich teurer:
- *http://www.rs.ch.* Knight Ridder Europe ist ein Datenbankanbieter, der Übergänge zu den beiden großen Datenbank-Hosts „DataStar“ und „Dialog“ anbietet. Insgesamt sind mehr als 800 Datenbanken im Angebot des Dienstleisters.
- *http://www.telebase.com.* Ein Teil der über 800 Datenbanken des US-Anbieters „Telebase“ ist ebenfalls in „DataStar“ und „Dialog“ vertreten.

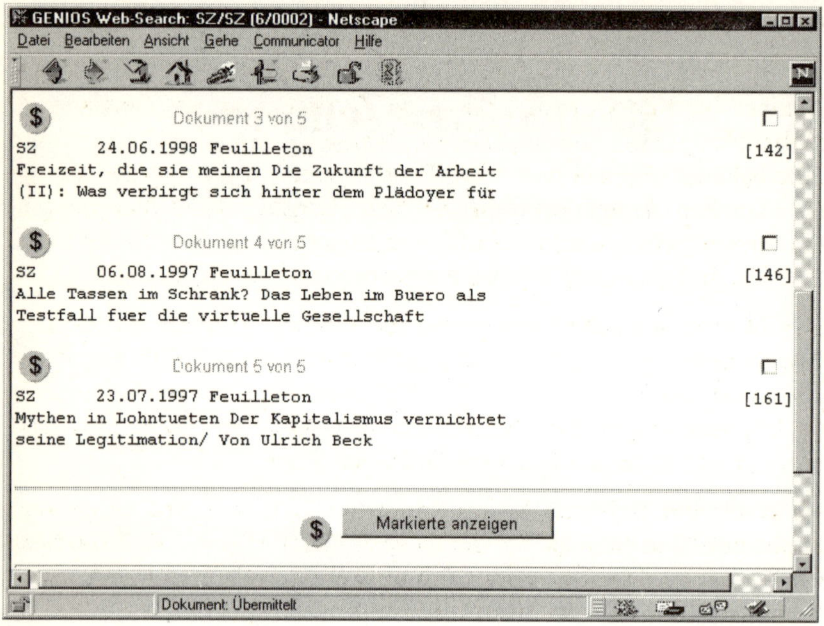

Der Datenbankzugang von Genios

- *http://www.carl.org*. Die „Carl Corporation“ gibt Ihnen den Zugriff auf mehr als 70.000 Fachzeitschriften.

Suchen und Finden

Datenbanken sind erster Linie ein Potential. Die Daten müssen von irgendwem abgefragt werden, um sie nutzbar zu machen. Und damit taucht direkt eine Frage auf: Wie wird eine Datenbank abgefragt? Mit dieser Frage beschäftigen sich seit Jahrzehnten einige Hundertschaften von Informatikern, Datenbankpraktikern und Programmierern.

Ein Beispiel für die Probleme der Suche in Datenbanken: Wenn Sie nach dem Wort „Arbeitslosigkeit“ suchen, bekommen Sie vermutlich eine unglaubliche und nicht zu überblickende Menge an Verweisen angezeigt.

Weniger (und damit mehr) bringt die Verknüpfung der Suchbegriffe „Arbeitslosigkeit“, „Deutschland“, „Statistik“ und „1999“. In diesem Falle bekämen Sie ein paar Veröffentlichungen angezeigt, die sich mit der aktuellen Arbeitslosenstatistik beschäftigen. Diese Verknüpfung von Suchbegriffen wird mit Hilfe von sogenannten „Operatoren“ erledigt. Sie sind eine erste Möglichkeit, die Suche zu verfeinern.

Es gibt zwei logische Operatoren, die für die erfolgreiche Suche in Datenbanken wichtig sind: Der ODER-Operator („OR“) und der UND-Operator („AND“). Da die Abfragen der Datenbankdienste oft auf Englisch eingegeben werden müssen, sind auch die beiden Operatoren meist in englischer Sprache zu benutzen.

Als erstes ein Beispiel: Wenn Sie sagen „Ich will Erdbeereis oder Himbeereis“, so meinen Sie damit entweder Erdbeer- oder Himbeereis. Wenn Sie dagegen sagen „Ich will Erdbeereis und Himbeereis“, so meinen Sie damit, das Sie beide Eissorten kaufen wollen. Der erste Satz ist ein Beispiel für den ODER-Operator, der zweite für den UND-Operator.

Der UND-Operator verkleinert die Ergebnismenge einer Suche, da alle mit diesem Operator verbundenen Suchbegriffe in den ermittelten Datensätzen vorhanden sein müssen. Die Ergebnismenge umfasst also nur Datensätze mit allen durch UND verknüpften Suchbegriffe.

Der ODER-Operator vergrößert die Ergebnismenge einer Abfrage, da die mit diesem Operator verbundenen Suchbegriffe wahlweise in den ermittelten Datensätzen vorhanden sein können. Die Ergebnismenge umfasst sowohl Datensätze mit jeweils einem der Suchbegriffe, einer Kombination aus mehreren Suchbegriffen und Datensätze mit allen Suchbegriffen.

In manchen Situationen kann ein dritter Operator ebenfalls sinnvolle Dienste leisten: Der NICHT-Operator („NOT“). Er wird benutzt, um einen Suchbegriff explizit aus der Suche auszuschließen.

Eine weitere Möglichkeit ist die Suche nach Teilen von Begriffen. Angenommen, Sie wollen alle Datensätze ermitteln, bei denen Firmen mit dem Anfangsbuchstaben „M“ gezeigt werden.

Für diesen Zweck erlauben es viele Datenbanksysteme, ein sogenanntes Maskenzeichen zu benutzen. Dies ist ein Platzhalter für eine beliebig lange Folge von beliebigen anderen Zeichen. Das bekannteste Maskenzeichen kommt von Windows und wird bei der Suche nach Dateien eingesetzt - das Sternchen (*).

Die dritte Möglichkeit, auf eine Suche Einfluss zu nehmen, sind Zeichenketten, die manchmal auch Phrasen heißen. Viele Datenbanksysteme kennen diese Technik: Sie umgeben einen längeren Suchbegriff wie „FAG Kugelfischer“ mit Anführungszeichen und erhalten als Ergebnis Datensätze, die den vollständigen Namen enthalten.

Sie können Operatoren, Maskenzeichen und Zeichenketten auch kombinieren, um die Suche zu verfeinern.

8. Finanz-Software aus dem Netz

Die zahllosen Aktienlisten und Depotverwaltungen im Internet haben einen kleinen Schönheitsfehler: Sie müssen sich jedes Mal mit dem Netz verbinden, um den Depotbestand zu überprüfen. Auf die Dauer kann das ganz schön teuer werden. Es gibt jedoch eine recht praktische Offline-Alternative: Sie benutzen ein Aktienverwaltungsprogramm, das Sie lokal auf Ihrer Festplatte installieren und geben die Kurse einmal täglich manuell ein. Viele dieser Programme kennen außerdem eine Möglichkeit, mit Hilfe einer TV-Tuner-Karte die Kurse automatisch aus dem Videotext zu aktualisieren.

Aktien mit Excel verwalten

Eine gute Lösung für die Besitzer von Office 97 oder 2000 ist die Verwaltung der Aktiendepots mit Excel. Hier haben Sie alle Mittel direkt an der Hand: Komfortable Datenverwaltung und Chart-Funktionen. Doch bevor Sie selbst Hand anlegen und mühsam eine Tabelle basteln - es gibt bereits vorkonfektionierte Lösungen, von denen eine völlig kostenlos ist.

Freeware-Aktienverwaltung

http://home.t-online.de/home/hartmut.babst/index.htm

Viele Börseneinsteiger beklagen das zu breite Spektrum und die Unübersichtlichkeit der kommerziellen Programme. Ein weiterer Nachteil: Oft ist die automatische Kursaktualisierung nicht kostenlos zu haben. Die Freeware-Aktienverwaltung für Excel 97 von Hartmut Babst verwaltet bis zu 20 Depotposten und besitzt Funktionen für Kauf und Verkauf, Tagesabschluss, Splitfunktion, Gebührenberechnung und ausführliche Online-Hilfen. Ein weiteres Plus: Die automatischen Kursaktualisierung über Videotext ist mit einer DDE-fähigen TV-Karte von Hauppauge möglich - bis auf die Anschaffungskosten ist das kostenlos.

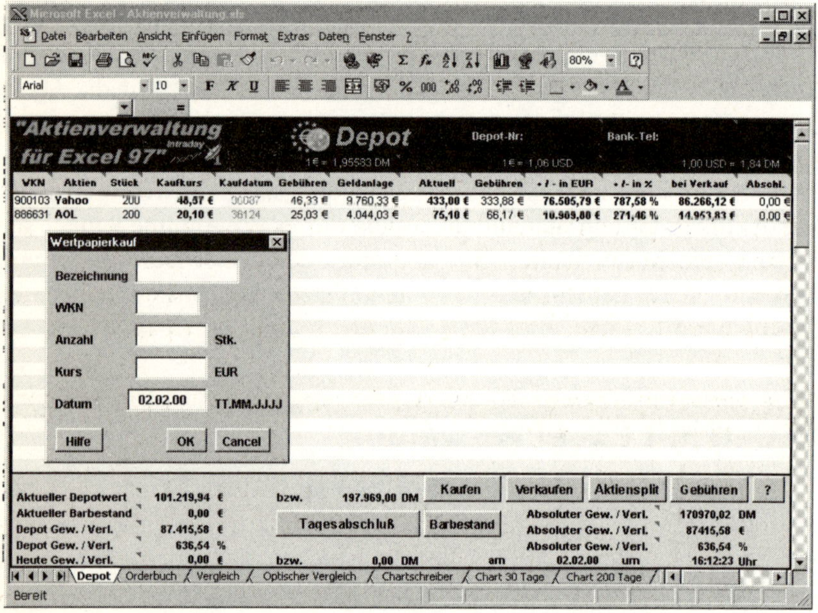

Die Benutzeroberfläche der Aktienverwaltung

Aktienverwaltung für Excel 97 Pro

http://home.t-online.de/home/hartmut.babst/index.htm

Die „Aktienverwaltung für Excel 97 pro“ ist eine erweiterte Version der Freeware. Sie können im Depot bis zu 50 Aktientitel verwalteen. Im Orderbuch sind bis zu 1000 Verkäufe erfassbar. Und zusätzlich ist hier auch ein Jahreseinkommensbericht abrufbar, welcher auch das zu versteuernde Einkommen gesondert anzeigt. Die Pro-Version kostet 20,- DM zzgl. Versand- und Nachnahmegebühr erhältlich. Bei Vorkasse und eMailversand entstehen keine weiteren Kosten.

Shareware-Aktienverwaltungen

Als Alternative zu einer Excel-basierten Lösung gibt es eine Reihe von recht kostengünstigen Shareware-Aktienverwaltungen. Außerdem gibt es uach Chart-Programme, die ähnlich wie der in diesem Buch vorgestellte JavaTrader arbeiten, aber lokal installiert sind.

Der AktienProfi

http://www.xlmsoft.de/aktiepro.htm

Mit AktienProfi können Sie auf komfortable Weise Ihr Aktien- und Wertpapierdepot verwalten. So haben Sie stets den Überblick über die Gewinn- und Verlustbringer in Ihrem Depot, die bisher realisierten Gewinne und Verluste und die Entwicklung jedes Wertpapiers.

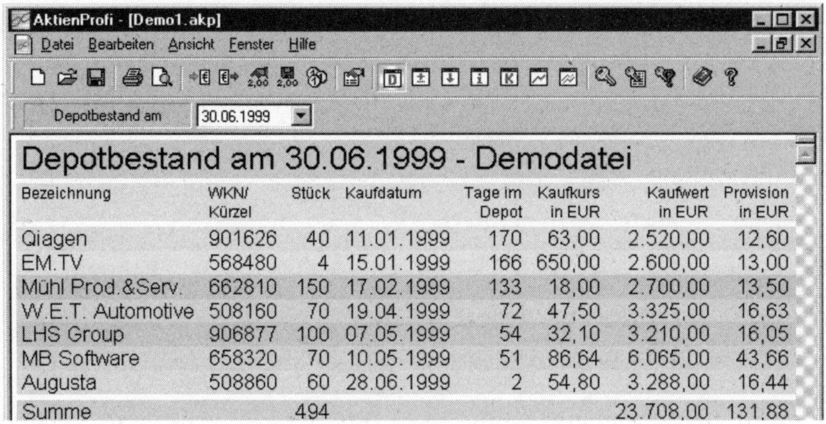

Depotbestand am 30.06.1999 - Demodatei

Bezeichnung	WKN/ Kürzel	Stück	Kaufdatum	Tage im Depot	Kaufkurs in EUR	Kaufwert in EUR	Provision in EUR
Qiagen	901626	40	11.01.1999	170	63,00	2.520,00	12,60
EM.TV	568480	4	15.01.1999	166	650,00	2.600,00	13,00
Mühl Prod.&Serv.	662810	150	17.02.1999	133	18,00	2.700,00	13,50
W.E.T. Automotive	508160	70	19.04.1999	72	47,50	3.325,00	16,63
LHS Group	906877	100	07.05.1999	54	32,10	3.210,00	16,05
MB Software	658320	70	10.05.1999	51	86,64	6.065,00	43,66
Augusta	508860	60	28.06.1999	2	54,80	3.288,00	16,44
Summe		494				23.708,00	131,88

Der Aktienprofi im Einsatz

Mit Hilfe der umfangreichen Auswertungsmöglichkeiten und Diagrammdarstellungen behalten Sie stets die Entwicklung Ihres Vermögens im Auge und erhalten dadurch wertvolle Informationen für Ihre Anlageentscheidungen.

AktienProfi erfasst alle Ihre Wertpapierkäufe und -verkäufe. Sie können täglich die Kurse Ihrer Wertpapiere eingeben oder importieren und behalten so stets den Überblick über die Wertentwicklung jedes einzelnen Wertpapiers sowie Ihres gesamten Depots und Vermögens. Sie sehen jederzeit Ihren Depotbestand mit vielen Informationen zu jeder einzelnen Wertpapierposition. Die Wertentwicklung Ihres Depots und Vermögens können Sie sowohl in einer Tabellenansicht als auch als Liniendiagramm verfolgen. AktienProfi unterstützt den Euro und das Jahr 2000.

Vdepot

http://ourworld.compuserve.com/homepages/VETTER_JUERGEN/

"Vdepot für Windows" ist eine Depotverwaltung für Aktien, Anleihen, Fonds und Optionen und kostet 69 Mark. Sie können beliebig viele Depots anlegen, auch in fremden Währungen. In jedem Depot können Sie beliebig viele Anleihen, Aktien, Fonds und Optionsscheine verwalten. Die weiteren Funktionen im Überblick:

- Split-Funktion.
- Long- und Shortpositionen.
- Kurseingabe manuell, aus Text-Dateien (z.B. NWP/Taipan-Kursdateien) oder dem Internet.
- tagesgenaue sortierbare Depotauszüge inklusive Stückzinsen.
- tagesgenaue Depotperformance des Gesamtdepots, der Anlageformen und der Wertpapierpositionen.
- grafische Aufschlüsselung der Depotstruktur nach unterschiedlichen Kriterien.

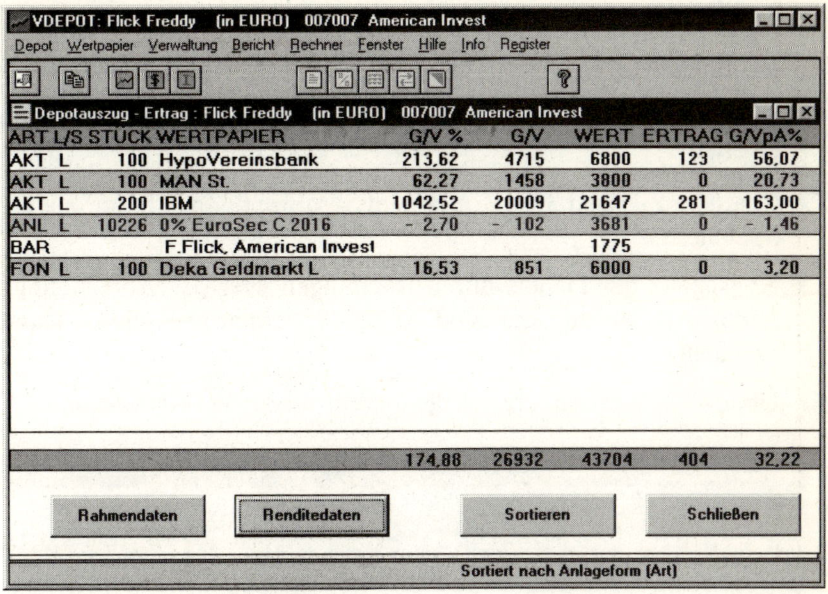

Die Benutzeroberfläche von VDEPOT

- Transaktionsanalyse, Korrelationsmatrix und Depot-Optimierung.
- Transaktionsliste (inklusive Bankspesen), Ertragsliste, Gewinn/Verlustliste, Steuerberechnung.
- Was-Wäre-Wenn-Rechner, Rendite-Rechner, Absicherungs-Rechner und Optionsschein-Rechner

Der kleine Depotverwalter

http://www.isjm.de/dkdv/

Der kleine Depotverwalter ist ein Einsteiger-Programm für Aktien und Fonds. Die Anzahl der Depots ist unbegrenzt. Alle Posten sind in DM und Euro darstellbar. Für Fondssparpläne gibt es eine Verwaltung von Stücken mit Nachkommastellen. Die weiteren Funktionen im Überblick:

- Historische Betrachtung des Depots und der Wertpapiere.
- Renditebetrachtungen für Depot und jedes Wertpapier im Depot.
- Grafische Darstellung der Depot-, Wertpapier- und Währungs-Historie.
- Charts in 2-D und 3-D, Zoom- und Scrollfunktion, Chartdruck und Speichern.
- Konsistenz des Depots durch Buchungen über das Abrechnungskonto: Alle Kosten, Zu- und Abgänge werden über dieses Konto verbucht.
- Über 4300 Wertpapiere werden bereits an der WPKN erkannt.

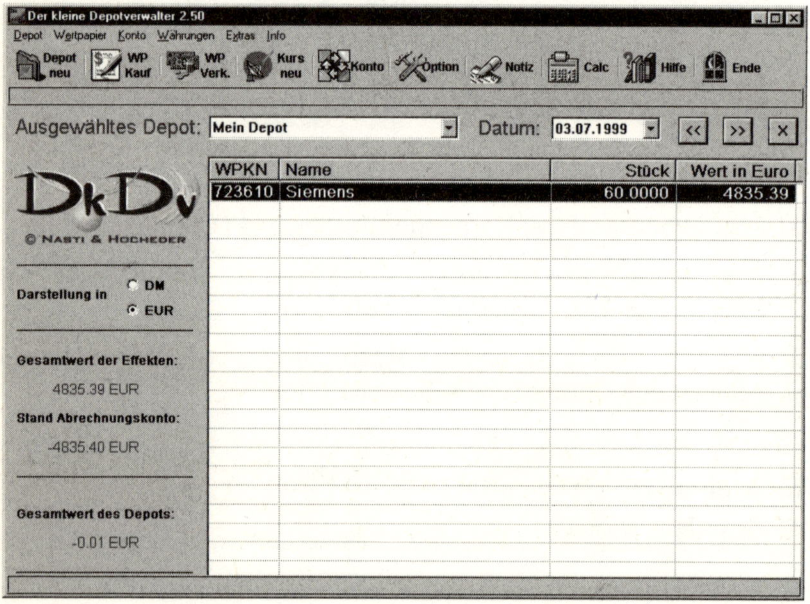

Der kleine Depotverwalter im Einsatz

Spekulator

http://rcswww.urz.tu-dresden.de/~roos/S_home.htm

Der Spekulator ist ein Programm für die indikatorbasierte technische Aktienanalyse. Im Gegensatz zu den meisten kommerziellen Produkten dieser Art kann der Spekulator seine Aktienkurse aus dem Videotext holen. Dabei ist das Programm nicht wählerisch: Es unterstützt eine beachtliche Reihe an Videotext-fähiger Hardware. Da Videotext ein völlig kostenloser Service ist, fallen weder Onlinegebühren oder andere Aktualisierungskosten an.

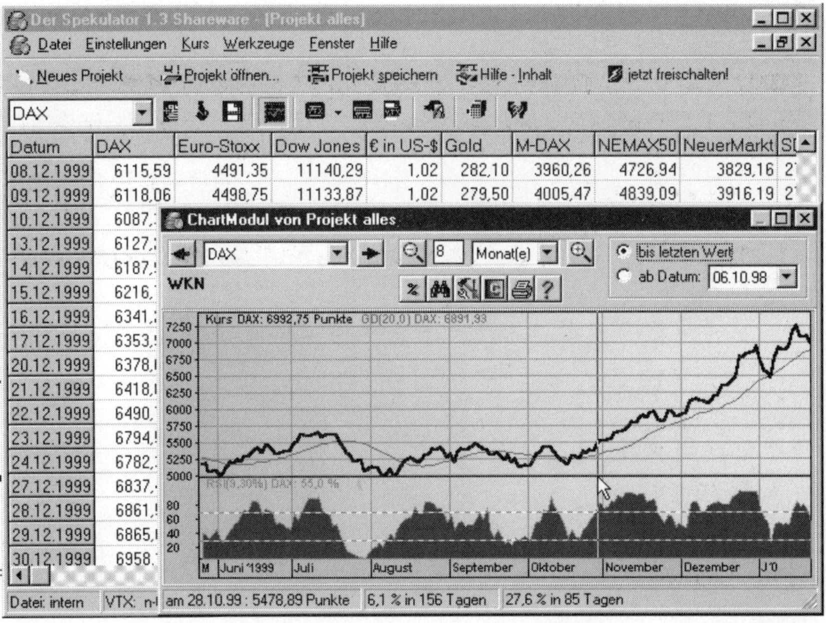

Der Spekulator zeigt den DAX

Außerdem können Sie die Aktiencharts ansehen, mit Indikatoren und anderen Charts überlagern und filtern. Für die Chart-Analyse stellt der Spekulator ein Chartmodul mit 30 Indikatoren zur Verfügung. Die vorhandenen Indikatoren können übereinander angezeigt werden.

Dasselbe gilt für das Filtermodul: Durch die unzähligen Kombinationsmöglichkeiten der Filter mit den entsprechenden Indikatoren hat man auch hier eine Auswahl, die selbst von teuren Profi-Programmen nicht annähernd geboten wird.

DAXA-Chart

http://www.daxa-chart.de/

“DAXA-Chart“ ist ein sehr bedienungsfreundliches Börsenprogramm. Es dient sowohl zur Chartanalyse als auch zur Fundamentalanalyse. Die integrierte Listenauswertung hilft Ihnen, keine Schnäppchen zu übersehen.

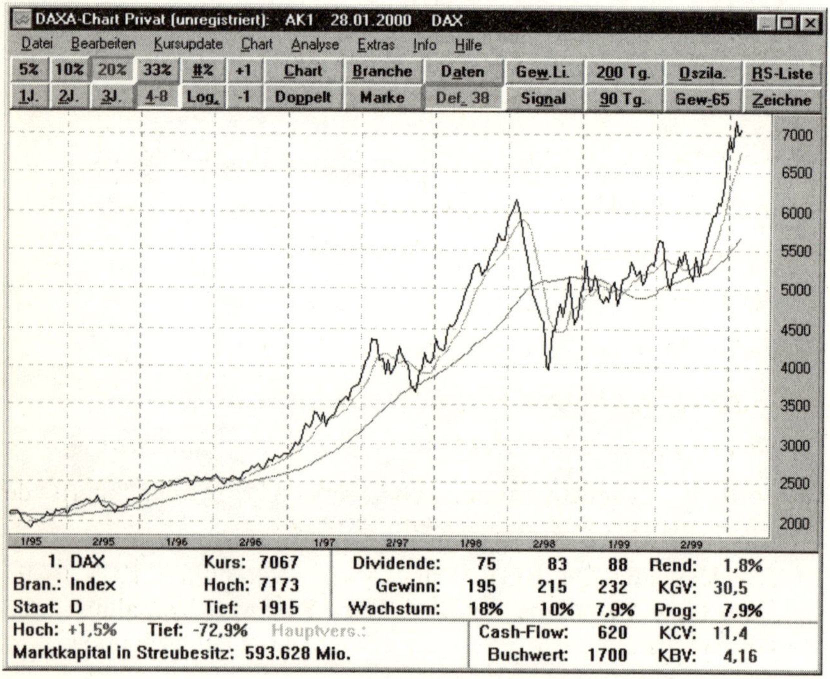

DAXA-Chart zeigt den DAX

Selbstverständlich gehört auch eine komfortable Depotverwaltung zum Programmumfang. Diverse Funktionen zum automatischen Kursimport sorgen dafür, dass Sie nicht von einem einzelnen kommerziellen Kursanbieter abhängig werden.

Dem Programmpaket liegen 120 ausgewählte Datensätze mit den Kursen der letzten 8 Jahre bei. Sollte die Datenbank zum Zeitpunkt des Downloads nicht mehr ganz aktuell sein, dann können Sie einfach eine Kursservice mit den aktuellen Wochenschlusskursen der letzten 8 Wochen auf der Titelseite des Web-Angebots in Anspruch nehmen.

Der Funktionsumfang von DAXA-Chart:

- Import von aktuellen Kursen aller Art (z.B. aus dem Videotext, Internet, Mailboxen oder T-Online)
- Direkter Import von gepackten Kursen aus einer E-Mail
- Import von historischen Kurslisten
- Konkrete, vom Programm berechnete Kaufempfehlungen
- Logarithmische Chartdarstellung
- Charts übereinanderlegen und ausdrucken
- Zeichnen im Chart
- Frei definierbare Durchschnitte
- Doppelte Signallinien
- Diverse fundamentale Kennzahlen gleichzeitig zum Chart
- Sortierte Listenauswertung und schnelles Durchblätttern der Charts gemäß der Sortierreihenfolge nach:

  Dividendenrendite, KGV (Kurs-Gewinn-Verhältnis), KCV (Kurs-Cash-Flow-Verhältnis), KBV (Kurs-Buchwert-Verhältnis), Gewinnwachstum, gleitenden oder gewichteten Durchschnitten.
- Kursänderung (Gewinner-/Verliererliste)
- Flexible Erstellung eigener Favoritenlisten

- Komfortable Depotverwaltung
- Durchblättern der Wertpapiere eines Depots als Chart mit Markierung der Kaufs- und Verkaufspunkte
- Eine Datenbank mit 120 ausgewählten Datensätzen und den Kursen der letzten 8 Jahre liegt dem Börsenprogramm bei.
- Die Kursdatenbank wird jede Woche kostenlos mit aktuellen Kursen über die Web-Seiten des Anbieters ergänzt.

Kommerzielle Software

Quicken 2000

http://quicken.lexware.de/intuit/

"Quicken 2000" nennt sich „Ihr persönlicher Finanzmanager". Mit diesem Programm erhalten Sie ein komplettes Finanzprogramm, das Ihnen wertvolle Hilfen bei Homebanking, Planung, Investment, Vermögen, Steuern und Business bietet.

Finanzorganisation und Homebanking werden mit Quicken 2000 leicht und übersichtlich erledigt. Die gesamte Finanzorganisation inklusive der Zahlungen können sowohl in DM als auch in Euro abgewickelt werden.

Quicken 2000 mit dem neusten T-Online Decoder 2.06 macht Homebanking noch schneller, komfortabler und preisgünstiger. Beim Internet-Banking unterstützt Quicken 2000 die nächste Generation des Onlinebankings.

Das Programm verfügt über den neuen Onlinebanking-Standard HBCI 2.01. HBCI steht für „Homebanking Computer Interface" und stellt den neusten Kommunikationsstandard zwischen Kunde und Kreditinstitut dar. Preis: 90 Mark

Microsoft Money

http://www.microsoft.com/germany/homeoffice/money/

Money 2000 ist ähnlich wie Quicken ein umfassender Finanzmanager mit einer Vielzahl von Funktionen. Damit werden die Bedürfnisse von Privatanwendern und Freiberuflern sowie kleiner Betriebe voll abgedeckt. Die Bandbreite reicht von der Verfolgung der Einnahmen und Ausgaben über die Verwaltung von Aktien-Portfolios bis zur Planung der Altersvorsorge.

Zu den Highlights zählt eine Direktanbindung an das Internet. Via Web erfolgt der Zugriff auf ständig aktualisierte Börsenkurse der wichtigsten europäischen und amerikanischen Börsenplätze einfach und schnell. Damit wird die Planung, Umsetzung und Kontrolle eigener Finanz-, Steuer- und Bankgeschäfte sowie geldliche Vorteile merklich erleichtert. Weitere interessante Neuerungen der aktuellen Version: intelligenter Finanzratgeber, Alarmsignal zur Erinnerung an wichtige Ereignisse und Kontenbewegungen, umgangsprachlich nutzbare Hilfedatenbank, Kontenansicht und Euro-Unterstützung in frei veränderbaren Ansichten, automatisch generierte Monatsübersicht etc. Preis: 90 Mark.

WISO Börse

http://www.buhl.de/

WISO Börse ist eine innovative, leistungsfähige und einfach zu bedienende Software, die Sie bei Ihren Anlage-Entscheidungen tatkräftig unterstützt und Sie von lästigen Pflichten befreit. Aktien, Fonds, Anleihen und Optionsscheine aus Ihrem Wertpapierdepot lassen sich mit WISO Börse professionell verwalten und analysieren. Der WISO Börsenberater und das Börsenlexikon führen Sie zudem ausführlich und leicht verständlich in das Thema rund um Börse und Geldanlage ein.

Für WISO-Börse existiert ein kostenpflichtiges Datenabonnement in dem alle in Deutschland gehandelten Aktien, Fonds, Anleihen und

Optionsscheine für 5 Euro pro Monat aus dem Internet geladen werden können.

Das integrierte Depotmanagement bietet eine zeitsparende Möglichkeit zur Verwaltung Ihrer Wertpapiere. So behalten Sie immer den Überblick über den Wertpapierbestand in Ihrem Depot und können Ihre Zeit in die Analyse von Charts und Nachrichten investieren.

Die Depotverwaltung erlaubt das Führen von bis zu 5 Depots und 10 Konten mit Gewinn- und Verlustrechnung, Spekulationsfrist- und Depotstrukturübersicht.

Optimale Unterstützung finden Sie bei der Erfassung von Orders, der Eingabe von Dividenden oder Zinsen bis hin zur Ertragsaufstellung und Performance-Messung. Gewinn- und Verlustlisten werden selbständig erstellt. Börsenkurse aus dem aktuellen Kursbestand werden automatisch übernommen. Preis: DM 79,90.

DM Money Maker

http://www.dm-online.de/

DM Money Maker ist eine professionelle und preiswerte Börsen- und Lernsoftware für Ihre persönliche Wertpapier-Analyse. Die Chartanalyse bietet mit Überlagerung, Indikatoren, Trendlinien und gleitenden Durchschnitten einen historischen Rückblick bis zu fünf Jahren.

Die Depotverwaltung erlaubt das Führen mehrerer Depots mit Gewinn- und Verlustbilanz, Kontenübersicht und direkter Verknüpfung zu Charts. Besonderer Service: Sie können täglich über 4500 Kurse kostenlos über Internet aktualisieren.

In der Gewinnübersicht sehen Sie Ihren Erfolg auf Knopfdruck und haben jederzeit den Überblick über Ihr Vermögen und die Struktur Ihres Portfolios. Sie können sich individuell Ihr eigenes Profil für die Suche nach neuen Wertpapieren erstellen. Sie können mehrere Geldkonten verwalten. Preis: 79 Mark.

9. Fachbücher

Der Markt für Bücher über Geldanlage wächst ebenso schnwell wie andere damit verbundene Bereiche. Eine hoffentlich hilfreiche Auswahl aus dem unüberschaubaren Angebot finden Sie auf den folgenden Seiten.

Allgemeine Einführungen

Finanztest

Stiftung Warentest, Handbuch Rund ums Geld, DM 29,-

Egal, ob es um die Auswahl eines geeigneten Kontos, die Finanzierung des geplanten Eigenheims oder den günstigen Sofortkredit geht: Wer sich informieren will, sieht sich mit Fachchinesisch konfrontiert.

Ohne das Verständnis von Begriffen und Zusammenhängen ist man jedoch auf die nicht immer uneigennützige Hilfe anderer angewiesen. Und das kann Lehrgeld kosten. Mit dem Handbuch „Rund ums Geld" nutzen Sie die langjährige Erfahrung von FINANZtest und können sich optimal auf wichtige Entscheidungen vorbereiten.

Geld richtig anlegen

Johannes Müller, Handbuch Geldanlage, DM 48,-

Johannes Müller geht in seinem praxisorientierten Ratgeber unter anderem auf folgende Fragen ein: Welche Anlageformen gibt es überhaupt, und wie funktionieren sie? Wo liegen die Chancen und Risiken einzelner Anlageformen? Wie finde ich diejenige Anlageform, die am besten zu meiner individuellen Situation passt? Welche steuerlichen

Aspekte spielen bei Anlagegeschäften eine Rolle? Was muss ich bei der privaten Altersvorsorge beachten? Welche Konsequenzen ergeben sich aus der Einführung des Euro für Anlagegeschäfte?

Das Buch vermittelt nicht nur wesentliche Kenntnisse über die Funktionsweise von Kapitalmärkten, sondern informiert darüber hinaus über ganz konkrete Strategien der Vermögensbildung.

Investmentclubs

Martin Aehling, Investmentclubs. Gemeinsam den Schritt an die Börse gehen, DM 16,90

Martin Aehling informiert in seinem Ratgeber, wie man einen Investmentclub ins Leben ruft und verwaltet. Außerdem geht es auch um die rechtlichen und steuerlichen Aspekte. Dabei geht er Schritt für Schritt vor: Von Vorüberlegungen über Gründungstips bis zur Verwaltung des Vermögens, Wertpapierauswahl, Börsenbeobachtung und -analyse. Außerdem befindet sich im Anhang ein Börsen-ABC und der Entwurf eines Gesellschaftsvertrages, der für die formell korrekte Gründung eines Investmentclubs von großer Hilfe ist.

Anleihen und Fonds

Fest und sicher verzinst

Christian Jund, Alles, was man über Festverzinsliche Wertpapiere wissen muss, DM 19,90

Leider sind festverzinsliche Wertpapiere (auch im vorliegenden Buch) das Mauerblümchen des aktuellen Geldanlagebooms. Dieses Buch widmet sich Ihnen mit Liebe und stellt alle notwendigen Informationen vor, um auch mit festverzinslichen Wertpapieren Geld zu verdienen.

Investmentfonds

Peter Fehrenbach, Helmut Kapferer, An Investmentfonds verdienen, DM 78,-

In diesem kompetenten Ratgeber finden Sie alles, was Sie über verschiedene Fonds und Fondstypen wissen müssen: Wie finde ich den besten Fonds? Wie können Vergangenheitsergebnisse richtig beurteilt werden? Was ist von ausländischen Fondsanbietern und Fondspickern zu halten?

Dieser Praxis-Ratgeber geht ebenso umfassend wie konkret auf wichtige neue Produktentwicklungen wie Dachfonds oder AS-Fonds sowie die jüngsten steuerrechtlichen Änderungen ein. Außerdem werden dem Leser das grundlegende Wissen über Fonds sowie kritische Spezial- und Hintergrundinformationen über die Fondsbranche vermittelt

Aktien und Optionsscheine

Die Wertpapierenzyklopädie

Uwe Bestmann, Finanz- und Börsenlexikon. Über 3000 Begriffe für Studium und Praxis, DM 29,90

Zu diesem Buch gibt es eigentlich nicht viel zu sagen: Einer der bekannt soliden dtv/beck-Ratgeber zum Nachschlagen.

Aktienratgeber

Stefan Mayerhofer, Aktien. Praxisleitfaden für Kapitalanleger, DM 39,80

Dieser Leitfaden soll dem Leser praxisnah helfen, Schritt für Schritt das Wesen der Aktie kennenzulernen und ist deshalb hauptsächlich für den Einsteiger gedacht. Der Autor hat viel Wert auf eine unkomplizierte und leicht verständliche Sprache gelegt: Fachbegriffe und „Bankchinesisch" werden ausführlich erläutert und erklärt

Börsenratgeber

Rolf Beike, Johannes Schlütz, Plusminus-Ratgeber Börse, DM 29,80

Die beiden Wirtschaftsjournalisten Rolf Beike und Johannes Schlütz liefern das nötige Know-how für die Geldanlage an der Börse.

Sie erklären, wie die Börse funktioniert, sie beschreiben Chancen und Gefahren, und sie zeigen, wie Sie sich selbst Ihre individuelle Anlagestrategie maßschneidern können. Sie beschäftigen sich mit der optimalen Vermögensaufteilung, Aktien, Anleihen, Optionsscheinen und Investmentfonds.

So funktioniert die Börse

Erich Erlenbach, Frank Gotta, So funktioniert die Börse. Aktien, Zinsen, Derivate, Euro, DM 34,80

Größte Hemmschwelle auf dem Weg, Aktionär zu werden, ist für potentielle Neueinsteiger mangelnde Information: Wie funktioniert die Börse? Seit zwanzig Jahren gibt „der Erlenbach/Gotta" darauf Antworten. „So funktioniert die Börse" wurde zehnmal neu aufgelegt und über 50.000 mal verkauft.

Das Autorengespann Erlenbach/Gotta verfolgt das internationale Börsengeschehen seit Jahrzehnten hautnah in der täglichen Berichterstattung. Erlenbach ist Wirtschafts- und Finanzredakteur bei der „Frankfurter Allgemeinen Zeitung", Gotta arbeitet als Wirtschaftsredakteur im Frankfurter Korrespondentenbüro der Tageszeitung „Die Welt".

Fundamentalanalyse

Rasso Vogl, Aktien. Fundamentalanalyse - Portfoliomanagement, DM 29,80

In diesem Buch verknüpft der Autor die traditionelle Fundamentalanalyse mit betriebswirtschaftlichen Analysemethoden. So wird auf leicht verständliche Weise dem Anleger das Rüstzeug in die Hand gegeben, Aktien mit überdurchschnittlichen Chancen auszuwählen.

Die Aktienauswahl anhand von Kennzahlen ist nur ein Teil der Fundamentalanalyse. Ausschließlich die Aktien erfolgreicher Unternehmen steigen - und erfolgreich sind nur Unternehmen, die besser sind als ihre Konkurrenten, also über Vorteile im Wettbewerb verfügen.

Technische Analyse

Nathan J. Sambul, Der Charttechnik- Leitfaden. Wie Sie aus Charts die künftigen Börsentrends erkennen.

Der Charttechnik-Leitfaden ist ein Basiswerk zur Technischen Analyse. Mit vielen Charts sowie zahlreichen Fallstudien und Übungsbeispielen erklärt dieser Leitfaden die wichtigsten Regeln, um Kursverläufe zu interpretieren und Markttrends zu prognostizieren.

Der Leser lernt, wie das Momentum zu benutzen ist, um zu erkennen, ob sich der Kurs in der Nähe eines Tops oder Tiefs befindet. Über das „Average Directional Movement" als Langfrist-Indikator wird schließlich gezeigt, wie sich profitable Ausstiegszeitpunkte finden lassen.

Basiswissen Optionsscheine

Rolf Beike, Andreas Potthoff, Optionsscheine. Grundlagen für den gezielten Einsatz an der Börse, DM 18,90

Bei den eher spekulativen Anlageformen haben Optionsscheine in den letzten Jahren auch bei Privatanlegern erheblich an Bedeutung gewonnen, da mit relativ geringem Kapitaleinsatz hohe Gewinne erzielt werden können. Außerdem haben Anleger die Bedeutung der Optionsscheine zur Absicherung bestehender Portfolios erkannt. Deshalb sind grundlegende Informationen auf diesem Feld wichtig, da Optionsscheine erhöhte Aufmerksamkeit, gezielte Strategien und rechtzeitiges Timing bei der Anlage benötigen.

Dieser Wirtschaftsberater bringt Grundlagen dieser Anlageformen, mögliche Strategien, Informationsquellen und eine Darstellung der inzwischen sehr vielfältigen Arten entsprechender Papiere.

Optionsscheine einsetzen

DIB Ratgeber Optionsscheine. Basiswissen, Kennzahlen, Strategien, Emissionshäuser, Service, DM 19,80

Dieses Buch eignet sich für Leute, die sich schnell einen Überblick über die Funktionsweise, Möglichkeiten und Risiken von Optionsscheingeschäften informieren wollen.

Es bietet eine gute Einführung in die Materie und eignet sich auch später immer wieder als Nachschlagewerk. Es werden die vom Laien noch nachvollziehbaren Berechnungsformeln vorgestellt und erklärt.

Anlagestrategien

Wirtschaftsinformationen nutzen

Thomas Hammer, Wirtschaftsinformationen nutzen wie ein Profi, DM 14,90

Der Betriebswirt Thomas Hammer zeigt, welche Informationen für die optimale Geldanlage wichtig sind. So nennt er unter anderem den Auftragseingang in der Industrie, den DAX oder den Nikkei-Index als Indikatoren der konjunkturellen Entwicklung.

Wichtige Fachbegriffe wie Kurs-Gewinn-Verhältnis (KGV) oder Dividendenrendite werden leicht verständlich erklärt. Der Leser erfährt, wie die Bundesbank die Geldmenge reguliert und was ein Offenmarktgeschäft oder der Diskontsatz ist.

Je nach Depotstrategie empfiehlt der Autor eine entsprechende Informationstaktik. Er beschreibt, wie Nachrichten zustande kommen, welche Interessengruppen dahinter stecken und wann es sinnvoll ist, Aktien zu kaufen oder zu verkaufen.

Informationen richtig auswerten

Rolf Beike, Johannes Schlütz, Finanznachrichten lesen, verstehen, nutzen. Ein Wegweiser durch Kursnotierungen und Marktberichte. DM 68,-

Ausgehend von der Finanzzeitung im Handelsblatt werden alle Kurstabellen, die man in der Wirtschaftspresse finden kann, eingehend erläutert. Viele Grafiken, Abbildungen und Übersichten veranschaulichen dabei das abstrakt und undurchschaubar erscheinende Börsengeschehen.

Lohnende Investments finden

Benjamin Graham, David Dodd, Geheimnisse der Wertpapieranalyse. Überlegenes Wissen für Ihre Anlageentscheidungen, DM 98,-

Sie möchten ganz leicht erstklassige Aktien erkennen können? Benjamin Graham ist der legendäre Vater der Wertpapieranalyse. In diesem unschlagbaren Buch gibt er Ihnen aufsehenerregende Antworten auf alle Kardinalfragen der Geldanlage. Einige der berühmtesten und reichsten Investoren, so z.B. Warren Buffett, bekennen sich offen zu Grahams Methoden. Sie lernen damit völlig unkompliziert den inneren Wert eines Unternehmens ermitteln und erschließen sich gleichzeitig die profitabelsten Bereiche der Börse.

Kapital systematisch anlegen

Manfred Steiner, Christoph Bruns, Wertpapiermanagement, DM 78,-

Die Autoren stellen eine umfassende und anwendungsorientierte Kapitalanlagekonzeption vor. Neben den theoretischen Grundlagen erfolgt eine detaillierte Beschreibung praxisrelevanter Methoden zur Riskoquantifizierung, die Analyse und gezielte Auswahl einzelner Wertpapiere sowie die sachgerechte Beurteilung des Anlageerfolgs.

In der 6. vollständig überarbeiteten Auflage liegen die Schwerpunkte der Neubearbeitung insbesondere in der Aktualisierung relevanter Themenbereiche und im Ausbau der theoretischen Grundlagen.

Darüber hinaus wurden neue Themengebiete wie die Anwendung Neuronaler Netze, Style Investing, die Steuerrelevanz der Produkte sowie die neuen Produkte der Deutschen Terminbörse aufgenommen.

Anlagestrategien von Fondsmanagern

Richard Bernstein, Börsengewinne mit Branchenrotation, DM 98,-

Richard Bernstein ist Vize-Präsident und Leiter der Abteilung „Quantitative Analyse“ des renommierten Broker-Hauses Merrill Lynch. Er ist verantwortlich für die Entwicklung der Anlagestrategien im Bereich Aktien und Derivate.

Zum 4. Mal wurde Bernstein in das „All-America Research Team“ gewählt - und zählt somit zu den besten US-Anlagespezialisten. Erstmals macht er mit diesem Buch die professionelle themen- und konzeptorientierte Anlagestrategie, wie sie Fondsmanager anwenden, auch Privatanlegern zugänglich.

Antizykliker werden und bleiben

Anthony M. Gallea, William Patalon, Antizyklisch Investieren. Gewinne gegen den Strom, DM 89,-

Dieses Buch verrät Ihnen, wie Sie durch das Handeln gegen den Trend erfolgreich Geld verdienen können. Jeder will diese Taktik gerne umsetzen, doch keiner wusste bislang wie. Sie haben jetzt die Möglichkeit dazu, indem Sie das erste deutschsprachige Buch zum Thema lesen.

Der Anleger erhält genaue Handlungsanweisungen, wann der richtige Kaufzeitpunkt für einen antizyklischen Kauf ist und welche Kriterien diese Investition erfüllen muss. Auch über den in der Praxis so wichtigen Verkaufszeitpunkt wird der Anleger nicht im unklaren gelassen

Erfolgreiche Börsianer

Von Kostolany

Andre Kostolany, Geld und Börse. Die Kunst, ein Vermögen zu machen, DM 16,90

Kostolany war schon zu Lebzeiten eine Legende - immerhin konnte er dank seiner unglaublichen Langlebigkeit und seiner scheinbar nicht nachlassenden Lebenskraft die Entwicklung der internationalen Aktienmärkte vom Börsenkrach 1929 bis zum Ende des Jahrhunderts überblicken. In diesem Buch stellt er seine Überlegungen zur Börse und dem lieben Geld vor. Ein Muss für alle, die an der Börse mitmachen wollen.

Noch mehr von Kostolany

Andre Kostolany, Kostolanys beste Tips für Geldanleger. Profitable Ideen für Sparer und Spekulanten, DM 19,80

Noch ein Buch des deutschen Äquivalents zu Warren Buffet. Diesmal steht die Börsenpraxis im Vordergrund. Sie finden hier einen knappen Überblick über alle Börsenregeln, die Andre Kostolany in seinem langen Leben aus der Praxis gelernt hat.

Über Warren Buffet

Robert G. Hagstrom, Warren Buffett. Sein Weg, seine Methode, seine Strategie. DM 76,-

Dieses Buch bietet Anlegern eine erste eingehende Betrachtung der innovativen Anlage- und Unternehmensstrategien, die sich hinter dem spektakulären Erfolg der lebenden Legende Warren E. Buffett verbergen. Robert G. Hagstrom zeichnet Warren Buffetts Karriere von Beginn an nach und erzählt, wie der Cherry-Coke-Trinker Buffett mit einer Erstanlage von nur 100.000 Dollar ein Firmenimperium im Wert von fast 20 Milliarden Dollar aufbaute.

Die Strategien des Warren Buffet

Mary Buffett, David Clark: Buffettology DM 58,-

Mary Buffett schreibt über die Anlagestrategien, die ihrem Schwiegervater, Warren Buffett, am Aktienmarkt zu Reichtum verholfen haben. Die Autorin ist Generaldirektorin eines Unternehmens der Filmbranche. Der Koautor David Clark ist Portfoliomanager, Rechtsanwalt und langjähriger Freund der Familie Buffett.

Mary Buffett betrachtet die Methoden von Buffett als Philosophie, die sie Buffettology nennt. Diese Philosophie beinhaltet in ihrem Kern den Grundsatz, in die „inneren Werte" von Unternehmen zu investieren. Unter „innerem Wert" eines Unternehmens versteht Warren die durchschnittliche jährliche Rendite inklusive der Zinseszinsen. Warren investiert nur in vertrauenswürdige und erstklassige Unternehmen.

Vom Finanzmogul George Soros

George Soros, Die Krise des globalen Kapitalismus - Offene Gesellschaft in Gefahr. DM 39,80

Ausgerechnet dieser Artist der Hoch-Finanz, der als Verwalter von Hedge-Fonds am kapitalistischen System verdiente wie kaum ein anderer, warnt in seinem Buch „Die Krise des globalen Kapitalismus" vor einem entfesselten Raubkapitalismus und fordert indirekt, dass man Schlitzohren wie ihm das Handwerk legen solle.

Wer Soros allerdings nur nach seinen finanziellen Aktivitäten beurteilt, wird ihm nicht gerecht und dieses Buch nicht verstehen. Denn der gebürtige Ungar, der den Holocaust dank gefälschter Papiere überlebte, ist ein Wohltäter par excellence.

1979 gründete er den „Open Society Fund". Die Stiftung will die Entwicklung offener und demokratischer Gesellschaften fördern. Nicht umsonst lautet deshalb der Untertitel „offene Gesellschaft in Gefahr". Hierin zeigt sich der geistige Einfluss des Sozialphilosophen Karl Raimund Popper, den Soros während seines Studiums an der London School of Economics kennenlernte.

Über George Soros

Robert Slater, Die 24 Geheimnisse des George Soros. Anlegen wie eine lebende Legende. DM 48,-

Bis zum Herbst 1992 war George Soros nur wenigen außerhalb des Exklusivkreises der Hochfinanz ein Begriff. Das änderte sich schlagartig im September 1992: Er setzte darauf, dass Großbritannien aufgrund der immer flauer werdenden Wirtschaftslage zu einer Abwertung des britischen Pfundes gezwungen sein würde - und seine Spekulation ging auf.

Als das Pfund am 15. September 1992 tatsächlich abgewertet wurde, verdiente Soros buchstäblich über Nacht eine Milliarde Dollar. Seit 1969, dem Gründungsjahr seines Quantum-Fonds, hat Soros mit seinen Investitionen einen unglaublichen Rekord aufgestellt. Dieses Buch erläutert die Anlage- und Wertpapierstrategien hinter Soros' phänomenalen Investitionserfolgen.

Allgemeine Wirtschaftsbücher

Deutschlands AGs

Rüdiger Liedtke, Wem gehört die Republik? Die Konzerne und ihre Verflechtungen - Namen, Zahlen, Fakten '99. DM 58,-

Rüdiger Liedtke geht dem wahren Wert der Konzerne auf den Grund. Die aktuelle Ausgabe von „Wem gehört die Republik?" charakterisiert die 100 größten und wichtigsten Konzerne Deutschlands. Der Schwerpunkt der Ausgabe 1999 liegt auf den Aktien der einzelnen Großunternehmen.

Auf bis zu zehn Seiten pro Unternehmen skizziert der Autor Geschichte und Entwicklung, Besitz- und Eigentumsstruktur und gibt einen Konzernüberblick. Beteiligungen, Kooperationen, Fusionen und die Forschungsabteilung nimmt er ebenfalls unter die Lupe.

Die besten Finanzdienstleister

Joachim K. Bredow, Richard R. Folg, Auf der Suche nach Spitzenprodukten in der Finanzdienstleistungsbranche, DM 88,-

Dieses Buch richtet sich in erster Linie an Finanzvermittler, aber durchaus auch an interessierte Anleger. Sie können in diesem Buch Beispiele dafür finden, wie die Profis Vermögen verwalten.

Die Autoren kommen zu dem Schluss, dass nur 10-20 Prozent der Produkte am Markt gute oder sogar Spitzenprodukte sind. Bredow und Folg stellen 15 Vermögensberatungsunternehmen vor, von denen sie meinen, dass sie zu den besten am Markt gehören.

Der Anti-Unternehmensberater

Scott Adams, Das Dilbert-Prinzip. DM 19,90

Ausgehend vom Prinzip: „Die unfähigsten Mitarbeiter werden systematisch in die Position versetzt, in der sie am wenigsten Schaden anrichten können - ins Management!", schildert Scott Adams das Innenleben großer Unternehmen und die dort alltäglichen Absurditäten.

Mit spitzer Feder und ironischer Distanz analysiert er die verschiedensten Themen des heutigen Büroalltags: Meetings, Downsizing, Teamarbeit, die großen Lügen des Managements, Projektmanagement, Budgetierung, Marketing, ISO 9000.

Über Börsenkräche und Spekulationsblasen

Gerhard Aschinger, Börsenkrach und Spekulation, DM 64,-

Das Buch setzt sich intensiv mit Finanzkrisen, insbesondere mit dem Börsenkrach 1987 auseinander.Die Entwicklung von Finanzkrisen kann durch ein Phasenschema charakterisiert werden, wobei der Spekulation eine besondere Bedeutung zukommt.

Im Rahmen der Spekulationstheorie wird die Entscheidung einer destabilisierenden Spekulation dargestellt. Sodann wird eine Einführung in die Katastrophentheorie und die Theorie spekulativer Blasen gegeben. Beide Ansätze gestatten eine theoretische Begründung des Phänomens des Börsenkrachs.

Im Hinblick auf den Börsenkrach 1987 ist ein Kapitel der Finanzmarkttheorie, insbesondere den neuen Finanzmarktinstrumenten, gewidmet. Dabei werden Absicherungsverfahren, wie Portfolio-Insurance Strategien, behandelt, die für den Crash von Bedeutung waren.

Index

C

D

E

F

G

H